Einführung in die hebräische Schrift

Einführungen in fremde Schriften

Arabisch-persisch

Armenisch

Bengālī

Chinesisch

Devanāgarī

Griechisch

Gujarātī

Gurmukhī

Hebräisch

Hieroglyphen

Japanisch

Oṛiā

Thai

Tibetisch

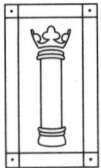

HELMUT BUSKE VERLAG
HAMBURG

Einführung in die hebräische Schrift

von
Johannes Kramer
und Sabine Kowallik

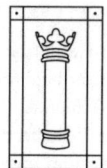

HELMUT BUSKE VERLAG
HAMBURG

2., verbesserte Auflage

Bibliographische Information der Deutschen Bibliothek

Die Deutsche Bibliothek verzeichnet diese Publikation in der
Deutschen Nationalbibliographie; detaillierte bibliographische
Daten sind im Internet über ‹http://dnb.ddb.de› abrufbar.
ISBN-13: 978-3-87548-416-8
ISBN-10: 3-87548-416-9

© Helmut Buske Verlag GmbH, Hamburg 2006. Alle Rechte, auch die des auszugsweisen Nachdrucks, der fotomechanischen Wiedergabe und der Übersetzung, vorbehalten. Dies betrifft auch die Vervielfältigung und Übertragung einzelner Textabschnitte durch alle Verfahren wie Speicherung und Übertragung auf Papier, Filme, Bänder, Platten und andere Medien, soweit es nicht §§ 53 und 54 URG ausdrücklich gestatten. – Druck: Strauss, Mörlenbach. Bindung: Litges & Dopf, Heppenheim. Werkdruckpapier: alterungsbeständig nach ANSI-Norm resp. DIN-ISO 9706, hergestellt aus 100% chlorfrei gebleichtem Zellstoff. Printed in Germany. *www.buske.de*

Inhaltsverzeichnis

Vorwort	VII
Zur Geschichte und Anwendung der hebräischen Schrift	IX
Die Buchstaben des hebräischen Alphabets	1
Erster Buchstabe: Aleph א	2
Zweiter Buchstabe: Beth ב	4
Dritter Buchstabe: Gimmel ג	6
Vierter Buchstabe: Daleth ד	8
Fünfter Buchstabe: He ה	10
Sechster Buchstabe: Waw ו	12
Siebter Buchstabe: Sajin ז	14
Achter Buchstabe: Cheth ח	16
Neunter Buchstabe: Teth ט	18
Zehnter Buchstabe: Jud י	20
Elfter Buchstabe: Kaph כ (ך-)	22
Zwölfter Buchstabe: Lamed ל	24
Dreizehnter Buchstabe: Mem מ (ם-)	26
Vierzehnter Buchstabe: Nun נ (ן-)	28
Fünfzehnter Buchstabe: Samech ס	30
Sechzehnter Buchstabe: Ajin ע	32
Siebzehnter Buchstabe: Pe פ (ף-)	34
Achtzehnter Buchstabe: Zade צ (ץ-)	36
Neunzehnter Buchstabe: Quph ק	38
Zwanzigster Buchstabe: Resch ר	40
Einundzwanzigster Buchstabe: Schin ש	42
Zweiundzwanzigster Buchstabe: Taw ת	44
Die hebräischen Vokal- und Lesezeichen	47
Vorbemerkung	48
Vokalzeichen für *a*: Patach und Qamez	49
Vokalzeichen für *æ*: Segol	50
Vokalzeichen für *e*: Zere	51
Vokalzeichen für *o*: Cholem	53
Vokalzeichen für *u*: Qibbuz und Schureq	54
Vokalzeichen für *ə*: Schwa	55
Weitere Lesezeichen	56
Weiterführende Literatur	59
Schriftbeispiele aus dem Alltag	63
Das hebräische Alphabet in der Übersicht	69

Vorwort

Der vorliegende Band soll Interessierten ohne Vorkenntnisse eine erste Einführung in die hebräische Schrift liefern; unser Ziel ist erreicht, wenn jemand, der diesen Band durchgearbeitet hat, in der Lage ist, mit hebräischen Buchstaben geschriebene (vokalisierte) Wörter und Texte korrekt zu lesen und das hebräische Alphabet zu schreiben. Als Zielpublikum stellen wir uns Touristen, die Israel bereisen, vor, aber auch Bibelleser, die mit einem Wort oder Namen in der Originalschreibung zu tun haben, Germanisten oder Romanisten, die mit jiddischen oder judenspanischen Texten konfrontiert werden, schließlich Kunstfreunde, denen gemalte hebräische Buchstaben begegnen. Wir haben uns bemüht, eine möglichst einfache und unspezialisierte Ausdrucksweise zu verwenden, aber einige Fachausdrücke, die bei ihrem ersten Auftreten erklärt sind, waren unvermeidbar. Besonderer Wert wurde auf die Beschreibung des Aussehens der Buchstaben und die Abgrenzung von ähnlich aussehenden Buchstaben gelegt, weil Anfänger hierbei meistens Schwierigkeiten haben.

Unsere Absicht war nicht, eine wissenschaftliche Abhandlung über die Geschichte der hebräischen Schrift oder über die ihr zugrundeliegenden Zeichen-Laut-Relationen zu schreiben. Ebensowenig wollten wir eine Kurzeinführung ins Hebräische geben; natürlich braucht man hebräische Wörter, um das Funktionieren der Schrift vorzustellen, aber die Schrift, nicht die Sprache ist der Gegenstand unserer Einführung. In der beigegebenen Bibliographie findet man Angaben zu weiterführenden linguistischen Werken und zu praktischen Lehrbüchern des Hebräischen.

Von den vielen Sprachen, die abgesehen vom Hebräischen mit hebräischen Buchstaben geschrieben wurden und werden, haben wir die beiden größten und eigenständigsten berücksichtigt, das Jiddische und das Judenspanische; allerdings ist das Hauptziel unserer Darstellung immer das Hebräische, so daß die Darstellung der jiddischen und judenspanischen Schreibgewohnheiten[1] als Beigabe zu betrachten ist und auch nur global erfolgt.

Die Darstellung der Buchstaben ist von Übungen begleitet: Die Übung für Anfänger setzt nur die Kenntnis der bis dahin schon behandelten Buchstaben voraus, die Übung für Fortgeschrittene setzt die des ganzen Alphabets voraus. Um die Übungswörter lesen zu können, sollte man

---

[1] Die traditionelle jiddische Orthographie ist zu kompliziert, als daß man sie kurz darstellen könnte (vgl. dazu Salomo A. Birnbaum, *Grammatik der jiddischen Sprache,* Hamburg [5]1988, 11-33). Wir beziehen uns daher hier auf die besonders in den USA verbreitete Reformorthographie, wie sie dargestellt wird von Dovid Katz, *Grammar of the Yiddish Language,* London 1987.

sich zuvor den Abschnitt über die Vokalzeichen (S. 47-55) ansehen. Die Vokabeln (in Pfeilrichtung von oben nach unten, beginnend mit der rechten Spalte zu lesen) sind nicht zum Erlernen der hebräischen Sprache gedacht, sondern sie bieten in der Reihenfolge des hebräischen Alphabets die Wörter, die in den darauf folgenden Leseübungen vorkommen. In eckigen Klammern wird die heutige israelhebräische Aussprache angegeben. In den wenigen Fällen, in denen es um die Verhältnisse im Althebräischen geht, wird in geschweiften Klammern eine Umsetzung in lateinische Buchstaben (Transliteration) nach dem in der hebräischen Sprachwissenschaft üblichen System geboten.

Die Übersichtstabelle zu jedem Buchstaben ist von rechts nach links zu lesen, damit sich die Lernenden an die Leserichtung gewöhnen. Die erste Reihe zeigt den Buchstabennamen, die zweite Reihe die Druckform, eine Schönschriftkursivform und eine geläufigere Kursivform, die dritte Reihe den Zahlenwert, den jeder hebräische Buchstabe hat, seine heutige Aussprache und die übliche Umschrift.

Wir hoffen, daß unser Bändchen den Zugang zur nicht ganz einfachen, aber doch faszinierenden hebräischen Schrift erleichtern und den Lernenden ebenso viel Freude bereiten möge, wie wir beim Zusammenstellen hatten.

Siegen, im Februar 1994

Sabine Kowallik   Johannes Kramer

Vorwort zur 2. Auflage

Die *Einführung in die hebräische Schrift* ist vom Publikum sehr freundlich aufgenommen worden, so daß nach einem Jahrzehnt eine Neuauflage nötig wird. Am Konzept des Buches ist nichts geändert worden, lediglich die Hinweise auf weiterführende Literatur wurden aktualisiert. In der ersten Auflage wurde bei den Schreibschrift-Beispielen eine ungewöhnliche Form des Mem gewählt; für die Neuauflage ist die Normalform eingesetzt worden, sonst aber sind die Leseübungen unverändert geblieben.

Trier, im September 2005   Johannes Kramer

Zur Geschichte und Anwendung der hebräischen Schrift

Die hebräische Schrift stellt das älteste heute noch im wesentlichen unverändert verwendete Alphabet dar; sie ist eine Weiterentwicklung der ältesten Buchstabenschrift überhaupt. Die Erfindung von Konsonantenbuchstaben geht auf die Ägypter des dritten Jahrtausends v. Chr. zurück; die Ägypter haben dieses Prinzip jedoch nie konsequent angewendet, denn ihre Schrift blieb immer eine Kombination aus Elementen einer Bilderschrift und Bestandteilen einer Buchstabenschrift. Den Durchbruch zu einer ausnahmslosen Konsonantenschrift haben die Westsemiten durchgeführt: Traditionellerweise spricht man vom phönikischen Alphabet, weil das weltläufige Seefahrervolk der Phöniker die prominentesten Verwender einer Variante dieser Schrift stellte, aber passender ist die Bezeichnung kanaanäisches Alphabet. Vor- und Frühformen dieser Schrift tauchen zwischen 1800 und 1500 v. Chr. auf, und die ältesten Fragmente, die wirklich dem kanaanäischen Alphabet zuzurechnen sind, stammen aus dem 12. Jh. v. Chr. Es gab örtliche und zeitliche Varianten dieses Alphabetes. Auf eine dieser Sonderformen geht letztlich die arabische Schrift zurück, eine andere Variante diente den Griechen als Vorlage für ihr Alphabet, wobei einige für die griechische Sprache überflüssige Konsonantenzeichen zu Vokalzeichen umfunktioniert wurden; die konsequente Kennzeichnung aller Vokale stellt die eigentliche revolutionäre Neuerung des griechischen Alphabetes dar, welches seinerseits zum Ausgangspunkt für das lateinische (und auch das kyrillische) Alphabet wurde. So gehen letztlich fast alle heute verbreiteten Buchstabenschriften auf das kanaanäische Alphabet zurück. Alle semitischen Schriften, also auch die hebräische Schrift, sind linksläufig, man schreibt also (anders als man es vom lateinischen Alphabet her gewohnt ist) v o n   r e c h t s   n a c h   l i n k s.

Von den Israeliten wurde zunächst ebenfalls ausschließlich das kanaanäische Alphabet verwendet; es hieß חֶרֶט אֱנוֹשׁ {hæræṭ ʾænōš} "Menschenschrift" und blieb vereinzelt (unter dem etwas irreführenden Namen כְּתָב עִבְרִי {kəṯāḇ ʿiḇrī} "hebräische Schrift") bis ins 2. Jh. n. Chr. in Gebrauch, als es nach rabbinischem Urteil für ungeeignet zur Notierung heiliger Texte erklärt wurde. Inzwischen hatte sich nämlich längst eine besondere Schriftabart durchgesetzt, das sogenannte aramäische Alphabet; dieses war im 8. Jh. im Neuassyrischen Reich aus einer regionalen Form der kanaanäischen Schrift entstanden und hatte sich im Perserreich (539-332) überall, also auch unter den Israeliten, verbreitet, und zwar nicht nur zur Schreibung der Reichssprache Aramäisch, sondern auch für andere semitische Sprachen. Etwa vom 3. Jh. v. Chr. an hatten sich in Palästina einige Besonderheiten herausgebildet, so daß man von da ab von einem speziellen jüdischen Duktus der aramäischen Schrift sprechen kann, der sich etwa um 100 n. Chr. zu der כְּתָב מְרֻבָּע {kətāḇ mərubbāʿ} "Quadratschrift" weiterentwickelt hatte, die bis heute verwendet wird; daneben gab es Kursivformen, die über im einzelnen komplizierte Zwischen- und Mischstufen, von denen die halbkursive Raschi-Schrift der spanischen Juden am erfolgreichsten war, zur heutigen Schreibschrift geführt haben.

Das hebräische Alphabet weist wie alle semitischen Schreibsysteme nur Konsonantenzeichen auf. Die Namen der 22 Buchstaben sind nach dem Prinzip der Akrophonie gebildet, d. h. ein ursprüngliches Bildzeichen wurde zum Lautzeichen für den Anfangskonsonanten des entsprechenden Wortes. So stellte das א ursprünglich die Stilisierung eines Rindskopfes dar und wurde in der alten Bilderschrift mit der Bedeutung "Rind" verwendet; das Zeichen wurde dann in der Konsonantenschrift für den Anfangslaut des entsprechenden semitischen Wortes (hebräisch אֶלֶף {ʾælæp̄}) verwendet.

In der ältesten Phase, etwa bis zum 10. Jh. v. Chr., gab man in der Tat nur das Konsonantengerippe eines Wortes wieder. Natürlich mußten dabei notwendigerweise zahlreiche Doppelungen auftreten, denn wenn in den semitischen Sprachen die Vokale auch eine weniger wichtige Funktion als in den indogermanischen Sprachen haben, so sind sie doch oft bedeutungsunterscheidend. Gegen Ende des 10. Jh. wurde die Bezeichnung einiger Vokale durch Konsonantenzeichen, die sogenannte lineare Vokalisation, erfunden: Die Buchstaben, mit denen *h, w* und *j,* also relativ lautschwache Konsonanten, bezeichnet wurden, nämlich ה, ו und י, konnten (zunächst nur am Wortende, dann auch im Wortinnern; um 600 v. Chr. kam א, das Zeichen für den sanften Stimmansatz, hinzu) verwendet werden, um Vokale auszudrücken, wobei nur wichtige, d. h. bedeutungsunterscheidende oder besonders ins Ohr fallende, normalerweise also lange, Vokale bezeichnet wurden. Konsequenz wurde hier allerdings nie erreicht: Die Anwendung der linearen Vokalisation blieb immer fakultativ, d. h. es blieb der Willkür des Schreibenden überlassen, ob er einige - nie alle - Vokale durch besondere Zeichen andeuten sollte oder nicht; zudem waren die zur Vokalkennzeichnung verwendeten Konsonantenzeichen bezüglich der Lautung alles andere als eindeutig und konnten daneben weiterhin ihren konsonantischen Wert haben; die in hellenistischer Zeit durchgeführten punktuellen Verbesserungen (um 200 v. Chr. stand normalerweise א für $\bar{a}$, ו für $\bar{o}$ und $\bar{u}$, י für $\bar{e}$ und $\bar{\imath}$, ה für auslautendes $\bar{a}$ und seltener $\bar{e}$) konnten dieses Grundübel nicht beseitigen. Die lineare Vokalisation wurde offenbar immer als ein in irgendeiner Weise unbefriedigendes Hilfsmittel empfunden, weswegen bei der Festlegung des Bibeltextes um 100 n. Chr. viele (aber längst nicht alle) Vokalzeichen - als nicht zur Vollkommenheit des göttlichen Textes passende menschliche Zutat - ausgemerzt wurden.

Solange das Hebräische noch eine lebendige Sprache war, reichte die Kennzeichnung der Konsonanten und einiger wichtiger Vokale aus, um Texte zu fixieren. Als es aber (spätestens seit dem 2. Jh. n. Chr.) keine hebräischen Muttersprachler mehr gab, wurde die Lage zunehmend schwieriger, denn nun mußte allein die mündliche Tradition der rabbinischen Familien die Aussprache bewahren; das galt nicht nur für die Vokale, sondern auch bei den Konsonanten für die Unterscheidung zwischen Reibelauten und Verschlußlauten, zwischen einfachen und doppelten Konsonanten, zwischen verschiedenen *s*-Typen usw. Es ist selbstverständlich, daß man sich unter diesen Umständen nach der Möglichkeit einer genauen schriftlichen Fixierung der Ausspracheeinzelheiten umsah. Die naheliegendste Möglichkeit, die Einführung neuer Buchstaben oder zumindest der verbesserte Ausbau der linearen Vokalisation, schied aus, weil inzwischen der Buchstabenbestand des Bibeltextes als so sakrosankt galt, daß dessen Veränderung als verwerfliches Sakrileg anzusehen war. Einen Ausweg bot hier eine Erfindung der ostsyrischen Nestorianer, die in ihre heiligen Schriften Feinheiten der Aussprache durch Hinzufügung von Punkten und Strichen über und unter den eigentlichen Buchstaben angaben. Vom 5. Jh. an wurden von den jüdischen Gelehrten, den sogenannten Masoreten (nach מָסוֹרָה {māsōrā} "Textüberlieferung"), verschiedene Punktierungen auf den Bibeltext angewendet, um die Vokale (und außerdem einige Besonderheiten der Textgestaltung) genau anzugeben; es gab ein "palästinisches" und ein "babylonisches" System, aber schließlich setzte sich die "tiberische Punktierung" durch, die im 8. Jh. n. Chr. von drei Gelehrtenfamilien in Tiberias geschaffen wurde; es handelt sich um eine primär infralineare Punktierung, d. h. die meisten Punkte und Striche für Vokale befinden sich unterhalb der Konsonantenbuchstaben. Wenn man allerdings erwartet, daß nach der Erfindung der Punktierung Vokale eben nur durch die Punktierung und Konsonanten nur durch die Buchstaben ausgedrückt würden, so täuscht man sich: Die Konsonantenzeichen, die zur Notierung von Vokalen im Bibeltext der Masoreten standen, wurden beibehalten, allerdings zusätzlich mit der Vokalpunktierung versehen, so daß also im Grunde ein und derselbe Vokal mit zweierlei Mitteln ausgedrückt ist. Schließlich bleibt zu bedenken, daß die Punktierung sich nur bei sakralen und poetischen Texten wirklich durchsetzen konnte; ansonsten schrieb und schreibt man weiterhin ohne Punktierung, aber mit einer mehr und mehr ausufernden linearen Vokalisation. So gibt es also beispielsweise für die lautliche Realität [kol] "Gesamtheit" vier Schreibmöglichkeiten: כל, כול, כֹּל, כּוֹל.

In Israel werden heute Bibeltexte, Gedichte und Publikationen für Anfänger im Hebräischen (Neueinwanderer, Schüler usw.) mit Punktierung gedruckt, ansonsten wird eine ziemlich weitgehende lineare Vokalisation verwendet. Man muß natürlich einigermaßen gut hebräisch können, um in der Lage zu sein, einen solchen Text korrekt zu lesen, weil ja erstens keineswegs alle, sondern nur die wichtigsten Vokale durch Konsonantenzeichen angezeigt sind, weil zweitens nur die grobe, nicht aber die genaue Vokalqualität erkennbar ist (man kann helle, dunkle und mittlere Vokale differenzieren, aber für e und i einerseits und o und u andererseits gibt es jeweils nur ein Zeichen, nämlich י bzw. ו), und weil konsonantische Feinunterscheidungen (z. B. Reibelaut / Verschlußlaut) nicht ausgedrückt werden.

In einem Werk, das eine Einführung in die hebräische Schrift, nicht aber ein Hebräischlehrbuch sein will, ist es nicht sinnvoll, unpunktierte Übungswörter anzubieten; im folgenden sind also alle Wörter in der punktierten Form geboten. In der Alltagsschreibschrift wird fast nie punktiert; die Beispiele weisen daher keine Punktierung auf.

Die hebräische Schrift diente und dient in erster Linie zur Schreibung der hebräischen Sprache. Das Hebräische gehört zur semitischen Sprachfamilie; andere semitische Sprachen sind das eng mit dem Hebräischen verwandte Aramäische, das Arabische, das Abessinische, das Babylonische und das Assyrische. Das folgende (nicht vollständige und vereinfachte) Schema mag die Verwandtschaftverhältnisse andeuten:

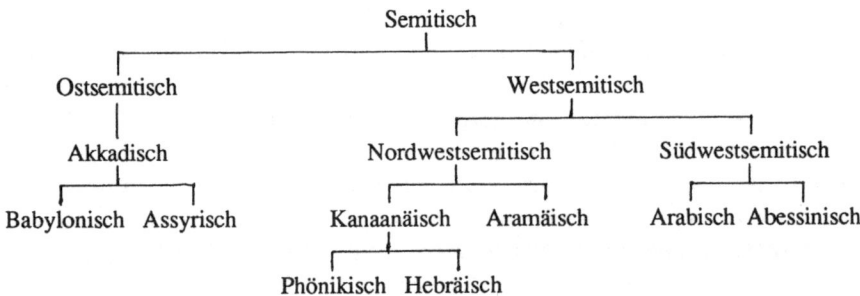

Die hebräische Sprache liegt uns zunächst in den biblischen Texten vor, die den größten Teil der von den Christen Altes Testament genannten Schriftensammlung ausmachen (einige wenige Abschnitte sind aramäisch). Diese Texte haben ein sehr unterschiedliches Stilniveau, und sie sind auch im Verlaufe von nahezu einem Jahrtausend (von etwa 1100 v.

Chr. bis um 100 v. Chr.) entstanden, so daß man keine einheitliche Sprachform erwarten darf. Das Bibelhebräische bildete jedenfalls für alle späteren Epochen das unbestrittene Vorbild: Die Sprache der zwischen dem 2. Jh. v. Chr. und etwa 500 n. Chr. verfaßten rabbinischen Bibelkommentare (Mischna, Midraschim, Tosefta usw.) bezeichnet man vielfach als Mittelhebräisch, aber Mischna-Hebräisch ist eindeutiger; zu Anfang dieser Epoche konnte man noch auf das lebendige Sprachgefühl der letzten Muttersprachler zurückgreifen, aber seit dem 2. Jh. n. Chr. haben wir es nur noch mit einer erlernten "toten" Sprache zu tun. Das mittelalterliche und neuzeitliche Hebräisch bis zum Ende des 19. Jh., das irreführenderweise lange als "Neuhebräisch" bezeichnet wurde, ist eine Gelehrten- und Literatursprache, die in ihrer Funktion mit dem Mittellateinischen verglichen werden kann (der große jüdische Philosoph Maimonides [1135-1204] schrieb so selbstverständlich auf hebräisch, wie der christliche Universalgelehrte Thomas von Aquin [1225-1274] auf lateinisch schrieb). Gegen Ende des 19. Jh. gelang es Eliezer Ben-Jehuda (1858-1922), das Hebräische wieder zu einer wirklich gesprochenen Sprache zu machen: Zunächst verwendeten es begeisterte Zionisten, 1919 erfolgte die Anerkennung als offizielle Sprache Palästinas (neben Arabisch und Englisch) durch die britische Mandatsmacht, und bei der Unabhängigkeitserklärung Israels im Jahre 1948 wurde das Hebräische ganz selbstverständlich zur Nationalsprache des neuen Staates. Das Israel-Hebräische (so die passendste Bezeichnung; die nicht selten zu hörende Sprachbezeichnung "Ivrit" ist nicht besonders geschickt, weil es sich dabei einfach um das hebräische Wort für "hebräisch" handelt, nämlich עִבְרִית) hat seither eine enorme Entwicklung durchgemacht: Gelenkte Wortschatzerweiterung und überlegte Grammatikvereinfachungen haben das Israel-Hebräische zu einer Sprache werden lassen, die europäischen Sprachen in ihrer Ausdrucksfähigkeit um nichts nachsteht. Inzwischen ist bereits die zweite und dritte Generation herangewachsen, für die das Hebräische wieder Muttersprache ist. Grundsätzlich bleibt aber festzuhalten: Einen Unterschied wie zwischen Altgriechisch und Neugriechisch oder gar zwischen Lateinisch und Italienisch gibt es zwischen Bibel-Hebräisch und Israel-Hebräisch nicht - prinzipiell handelt es sich um ein und dieselbe Sprache, wobei lediglich bestimmten Wörter neue Bedeutungen gegeben wurden und einige grammatische Phänomene uminterpretiert wurden. Ein wiederauferstandener Israelit des 8. Jh. v. Chr. und ein moderner Israeli könnten sich jedenfalls ziemlich problemlos miteinander verständigen, was man wohl von keiner anderen Sprache der Welt sagen kann.

Nicht nur das Hebräische wurde und wird jedoch mit hebräischen Buchstaben geschrieben; diese sind vielmehr für sehr viele von Juden gesprochene Sprachen verwendet worden, so daß es beispielsweise griechische, provenzalische, französische, arabische, persische, deutsche usw. Texte gibt, die mit hebräischen Buchstaben wiedergegeben wurden. All das stellt einen interessanten philologisch-sprachwissenschaftlichen Komplex dar, aber man muß als Nichtspezialist kaum damit rechnen, mit derartigen Phänomenen konfrontiert zu werden. Es gibt vielmehr vom Hebräischen abgesehen nur drei Sprachen, für die die hebräische Schrift die normale und adäquate Wiedergabe darstellt: Aramäisch, Jiddisch, Judenspanisch. Vom Aramäischen kann hier abgesehen werden, weil es nach genau denselben Regeln wie das Hebräische geschrieben und gesprochen wird. Anders steht es mit dem Jiddischen und mit dem Judenspanischen.

Das Jiddische, die aus dem Mittelhochdeutschen entstandene Sondersprache der nach Osteuropa ausgewichenen und dort in kompakten, aber meist voneinander isolierten Siedlungen in slawischer Umgebung lebenden Juden mitteleuropäischer Herkunft[1], wurde von jeher mit hebräischen Buchstaben geschrieben, wobei allerdings verschiedene und in den Einzelheiten ziemlich komplizierte Systeme nebeneinander gebraucht wurden. Zu Anfang unseres Jahrhunderts gab es mehr als zehn Millionen Sprecher des Jiddischen, ein blühendes Publikationswesen und eine nennenswerte Literatur; davon ist heute wenig geblieben, wobei die Gründe jedem bekannt sind - die Hauptschuld liegt beim nationalsozialistischen Völkermord, dem fünf Millionen Sprecher des Jiddischen zum Opfer fielen[2], aber auch viele von denen, die der physischen Vernichtung entkommen konnten, gaben ihre angestammte Sprache auf: Für die Bewahrung des Jiddischen war sowohl die Atmosphäre Israels, wo zumindest zunächst nur das stolze wiedergeborene Hebräisch und nicht das Jiddische der dunklen Unterdrückungszeit der selbstbewußten Eigenstaatlichkeit adäquat zu sein schien, als auch der kulturell-sprachliche Schmelztiegel, auf den die Auswanderer in den USA stießen, ungünstig. In erster Linie wird das Jiddische heute in den USA gepflegt, dort gibt es eine ausgebaute jiddische Sprachpflege[3], und dort entstand auch die mit den Schwierigkeiten und Inkonsequenzen der komplizierten traditionellen Orthographie-

---

[1] Vgl. Max Weinreich, *History of the Yiddish Language,* Chicago / London 1980.

[2] Zahlenangabe nach Salomo A. Birnbaum, *Grammatik der Jiddischen Sprache,* Hamburg ⁵1988, 3.

[3] Mordkhe Schaechter, "Yiddish Language Modernization and Lexical Elaboration", in: István Fodor / Claude Hagège (edd.), *Language Reform* 3, Hamburg 1984, 191-218. Das "Jiddische Wissenschaftliche Institut" YIVO hat seinen Sitz in New York.

systeme[4] aufräumende Reformrechtschreibung[5], die im vorliegenden Band zugrundegelegt wird.

Das Judenspanische (Spaniolische) ist die Sprache der am Ende des 15. und am Anfang des 16. Jh. von der iberischen Halbinsel vertriebenen Juden, die in den Zufluchtsgebieten (vor allem im alten Osmanischen Reich, also beispielsweise İstanbul, İzmir, Rhodos, Thessaloniki, Belgrad, Sarajevo, Sofija usw.; aber auch Marokko, Ägypten, Syrien) ihr archaisches Spanisch mit hebräischen Einsprengseln bewahrten und ausbauten. Es gab religiöse Schriften, aber auch mündlich weitergegebene weltliche Traditionen (*romancero*) und im 19. und frühen 20. Jh. ein nennenswertes Pressewesen; die Verwendung des hebräischen Alphabets für diese Sonderform des Spanischen war die Regel. Die Zerschlagung der herkömmlichen Lebensform der Juden im Zuge der Modernisierung des Lebens in den Balkanstaaten läutete schon zu Beginn des 20. Jh. den Niedergang des Judenspanischen zungunsten der Nationalsprachen (Türkisch, Griechisch, Bulgarisch, Serbisch usw.) ein; die nationalsozialistische Vernichtung holte im Zweiten Weltkrieg auch die Balkanstaaten ein, und die wenigen Überlebenden sahen ebenso wie die vor dem arabischen Nationalismus fliehenden Judenspanier Nordafrikas zu Recht in Israel ihre besten Zukunftschancen. In der Türkei, vor allem in İstanbul, konnte sich das Judenspanische bis heute halten; in Israel hat es gegenüber der Prestige-Sprache Hebräisch wenig Chancen, und auch in den USA wird es trotz Stützungsmaßnahmen zwischen dem Englischen und dem Spanischen zerrieben[6]. Die heute übliche Schreibung des Judenspanischen mit hebräischen Buchstaben führt bruchlos die orthographischen Traditionen der Ladino-Texte, also der in sklavischer Anlehnung an die hebräischen Vorbilder in eine erhabene Variante des Judenspanischen übersetzten Bibeln, fort[7]. Das besondere Charakteristikum der judenspanischen Rechtschreibung ist die konsequente Anwendung der Prinzipien der linearen Vokalisation, was sich sicher letztlich daraus erklärt, daß für das Funktionieren einer romanischen Sprache die Vokale eine ungleich wich-

---

[4] Mordkhe Schaechter, "Four Schools of Thought in Yiddish Language Planning", *Michigan Germanic Studies* 32, 1977, 34-66.

[5] Sie wird von den meisten modernen Lehrbüchern verwendet, vgl. z. B. Dovid Katz, *Grammar of the Yiddish Language*, London 1987. Ein traditionelles Schreibsystem findet man hingegen bei Salomo A. Birnbaum, *Grammatik der Jiddischen Sprache*, Hamburg [5]1988. Die Grundzüge der in Rußland verwendeten jiddischen Orthographie erklärt Ronald Lötzsch, *Jiddisches Wörterbuch*, Leipzig 1990, 192-195.

[6] Zum Judenspanischen vgl. Haïm Vidal Sephiha, *L'agonie des Judéo-Espagnols*, Paris [3]1991; Sabine Kowallik / Johannes Kramer, *Romanojudaica*, Gerbrunn 1993.

[7] Vgl. Sabine Kowallik, *Beiträge zum Ladino und seiner Orthographiegeschichte*, Hamburg 1989.

tigere Rolle spielen, als das im semitischen Bereich der Fall ist. Im folgenden wird der gängige Typ der judenspanischen Orthographie mit hebräischen Buchstaben dargestellt; es gibt daneben andere Schreibsysteme (mit lateinischen Buchstaben nach Prinzipien der spanischen, französischen oder türkischen Orthographie).

Man darf vom vorliegenden Buch, dessen Schwerpunkt natürlich auf der Darstellung der Prinzipien der Orthographie des Hebräischen liegen muß, keine gründliche Einführung in die jiddische und judenspanische Schreibung erwarten; das würde den räumlichen und auch konzeptuellen Rahmen sprengen. Es geht vielmehr lediglich darum, zu zeigen, wie die für das Hebräische gültigen Schreibregeln mit relativ geringfügigen Änderungen und Adaptationen auch für die Fixierung völlig anderer Sprachen Anwendung finden konnten; so, wie man die unterschiedlichsten Sprachen der Welt mit dem lateinischen, aber auch mit dem kyrillischen und arabischen Alphabet schrieb, hat sich auch das hebräische Alphabet als geeignet zur Notierung verschiedener Idiome gezeigt. Im folgenden sind die Angaben zum Jiddischen und Judenspanischen schon durch den kleineren Druck vom ausschließlich das Hebräische betreffenden Hauptteil abgesetzt; wir hoffen, daß unsere Darstellung den Lesern einen ersten Zugang ermöglicht, aber für eine gründliche Beschäftigung mit der Orthographie des Jiddischen und Judenspanischen muß man zu weiterführenden Werken greifen[8].

---

[8] Die beste Einführung in die Schreibung des Judenspanischen bleibt David Bunis, *A Guide to Reading and Writing Judezmo*, New York 1975. Zu den verschiedenen Orthographien des Jiddischen vgl. Solomon A. Birnbaum, *Yiddish. A Survey and a Grammar*, Toronto 1979, 197-223.

Die Buchstaben des hebräischen Alphabets

A l e p h א (אָלֶף {'ālæp̄}), der erste Buchstabe des hebräischen Alphabets (Umschrift: '), ins Griechische als *Alpha* (α) übernommen. In den ältesten semitischen Schriftformen zeigte das Aleph die Form eines Rindskopfes (hebräisch אָלֶף {'ælæp̄}). א bedeutet als Zahlzeichen 1, א bedeutet 1000 (hebräisch אָלֶף {'ælæp̄}).

Form des Buchstabens: א ist einer der charakteristischsten Buchstaben des hebräischen Alphabets: Das Buchstabenquadrat wird durch einen gerade von links oben nach rechts unten verlaufenden Querstrich geteilt. Von der linken unteren Ecke aus geht eine senkrechte Schlangenlinie, die sich mit dem Querstrich trifft. Vom Zentrum des Buchstabens aus läuft ein sehr kurzer zweiter Querstrich in Richtung obere rechte Ecke, auf den im rechten Winkel ein kurzer, leicht geschwungener Strich trifft, der parallel zum ersten Querstrich verläuft.
In der Schreibschrift schreibt man in zwei Ansätzen und ohne Bindung ein rechts offenes Oval, dem ein oben etwas über der normalen Buchstabenhöhe beginnender, senkrechter Strich folgt: *k*.

Althebräische Aussprache: א ist ein Konsonantenzeichen (nicht etwa Vokal *a*!), das den festen Stimmeinsatz bezeichnete, der im Deutschen automatisch vor Anlautvokalen neuer Silben oder Wörter gesprochen wird ("Kehlkopfverschlußlaut", "glottal stop"), vgl. z. B. *be' achten*.
א kann im Wortinnern und am Wortende auch Vokalträger sein.

Schulaussprache: Fester Stimmeinsatz.

Israelhebräische Aussprache: Fester Stimmeinsatz, bei vielen Sprechern auch gar keine phonetische Entsprechung.

Jiddische Aussprache: א deutet meistens als nicht zu sprechendes Zeichen vor vokalischem י oder ו sowie vor יַ, יִ, וּ den Wortanfang an (אִין [in] "in", אוּן [un] "und", אַיז [ajz] "Eis", אייביק [ejbik] "ewig", אוי [oj] "oh!") und es muß zwischen zwei Buchstaben, die Vokale bezeichnen, gesetzt werden פעאיק [féik] "fähig", באאַיינפלוסן [baájnflusn] "beeinflussen"). Als Vokalträger muß es gekennzeichnet sein: אָ steht für *o* (אָבער [obər] "aber") und אַ für *a* (אַלע [alə] "alle").

Judenspanische Aussprache: א steht für *a* (אמאר [amar] "lieben"), jedoch nicht im Wortauslaut, wo ה verwendet wird (קאזה [kaza] "Haus"); als nicht zu sprechendes Zeichen deutet es vor vokalischem י oder ו den Wortanfang an (אין [en] "in", אי [i] "und", או [o] "oder", און [un] "ein"), und es muß zwischen zwei Buchstaben, die Vokale bezeichnen, gesetzt werden (באאול [baul] "Koffer", ריאו [rio] "Fluß").

Erster Buchstabe: Aleph א

Zahlenwert:	Lautwert:	Umschrift:
Aleph	א	אֶלֶף
א	א	אֱ
1	ʔ	ʼ

Vokabeln:

אַשְׁכְּנַז [ˈaʃkənaz] "Deutschland"
גֵּאוּת [geˈut] "Stolz"
לֹא [lo] "nicht"
מֵאָה [meˈa] "hundert"
תָּא [taʼ] "Zelle"
תֵּאָבוֹן [teˈavon] "Appetit"

אָב [ʼav] "Vater"
אֵב [ʼev] "Knospe"
אַבָּא [ʼaba] "mein Vater"
אוּנֶסְקוֹ [ʼunæsko] "UNESCO"
אוֹרָה [ʼora] "Lichtschein"
אֶל [ʼæl] "zu, nach"

Leseübung für Fortgeschrittene:

Anlaut: אָב, אֵב, אַבָּא, אוּנֶסְקוֹ, אֶל, אוֹרָה, אַשְׁכְּנַז

Inlaut: מֵאָה, תֵּאָבוֹן, גֵּאוּת

Auslaut: לֹא, תָּא

Beth ב (בֵּית [bēt]), der zweite Buchstabe des hebräischen Alphabets (Umschrift für ב: b oder w; Umschrift für בּ: b), ins Griechische als Bēta (β) übernommen. In seinen frühen Formen stellte der Buchstabe die Stilisierung eines Hauses (בַּיִת [bajit], im *status constructus*, d. h. in direkter Verbindung mit einem zugehörigen Wort, בֵּית [bēt]) dar. ב bedeutet als Zahlzeichen 2.

Form des Buchstabens. In der Druckschrift füllt ב das Buchstabenquadrat aus; es ist zusammengesetzt aus einem oberen waagerechten Strich, der entlang des oberen Buchstabenquadratrandes verläuft und an dessen rechter Ecke in einer engen Rundung nach unten umbiegt, um dann dem rechten Rand bis zur Grundlinie zu folgen. Dort trifft er auf einen völlig geraden Grundstrich, der die ganze Breite des Quadrates einnimmt. Die größte Verwechslungsgefahr besteht mit כ (Buchstabe 11): Während dieses jedoch oben und unten eine Rundung hat, stoßen bei ב der untere waagerechte und der senkrechte Strich spitz aufeinander, und der Grundstrich ragt etwas nach rechts über den senkrechten Strich hinaus.
Bei der Schreibschriftform ℶ ist darauf zu achten, daß die Wellenform im unteren Teil deutlich zu sehen ist.

Althebräische Aussprache: Ohne Zusatzzeichen wurde ב als stimmhafter, mit beiden Lippen gebildeter Reibelaut ausgesprochen, also nicht wie ein deutsches *w*, sondern wie ein spanisches *b* zwischen zwei Vokalen. Mit einem eingesetzten Punkt (בּ) stand der Buchstabe für einen stimmhaften, mit beiden Lippen gebildeten Verschlußlaut, dem deutschen *b* entsprechend.

Schulaussprache: Ohne Zusatzzeichen wird ב wie ein deutsches *w* bzw. wie ein französisches *v* ausgesprochen; mit eingesetztem Punkt hat בּ den Lautwert *b*.

Israelhebräische Aussprache: Identisch mit der Schulaussprache.

Jiddische Aussprache: ב wird als *b* ausgesprochen (בוים [bojm] "Baum").

Judenspanische Aussprache: Ohne Zusatzzeichen wird ב wie ein deutsches *b* ausgesprochen (בוקה [boka] "Mund"). Mit einem waagerechten Strich über dem Buchstaben, also ב̄, wird im absoluten Anlaut und nachkonsonantisch ein mit Lippen und Zähnen gebildeter Reibelaut, einem deutschen *w* entsprechend, realisiert (ב̄ז"ם [ves] "Mal").

Zweiter Buchstabe: Beth ב

Beth	ב	בֵּית
ב	ב	ב
Zahlenwert: 2	Lautwert: ב =v, בּ =b	Umschrift: ב =b, בּ =b

Vokabeln:

בָּכִיר [baxir] "Senior" אָב [ʼav] "Väter"
כָּבוֹד [kavod] "Ehre" אֵב [ʼev] "Knospe"
לֵב [lev] "Herz" בָּא [ba] "kommend"
לְהָבָא [ləhaba] "in Zukunft" בָּבָא [bava] "Tor (Mischna)"
לֶהָבָה [lehava] "Flamme" בָּבֶל [bavæl] "Babel, Babylon"
עִבְרִי [ʼivri] "hebräisch" בְּהֵמוֹת [bəhemot] "Nilpferd"
 בְּכוֹר [bəxor] "Erstgeborener"

Leseübung für Anfänger:

בָּא, אֵב, בָּבָא, אָב

Leseübung für Fortgeschrittene:

Anlaut: בָּא, בָּבֶל, בְּהֵמוֹת, בְּכוֹר, בָּכִיר, בָּבָא

Inlaut: כָּבוֹד, בָּבָא, לְהָבָא, לֶהָבָה, עִבְרִי

Auslaut: לֵב, אָב, אֵב

G i m m e l ג (גָּמָל {gimmæl}), der dritte Buchstabe des hebräischen Alphabets (Umschrift für ג: ḡ; Umschrift für גּ: g), ins Griechische als Gamma (γ) übernommen. In seinen frühen Formen stellte der Buchstabe die Stilisierung eines Kamels (hebräisch גָּמָל {gāmāl}) dar. ג bedeutet als Zahlzeichen 3.

Form des Buchstabens. In der Druckschrift ist ג ein schmaler Buchstabe, der nur die rechte Hälfte des Buchstabenquadrates benötigt. Es ist dadurch charakterisiert, daß ein senkrechter Strich in geringem Abstand vom oberen Rand des Buchstabenquadrates beginnt und in einigem Abstand von dessen unterem Rand nach links abgebogen wird, bis dieser untere Rand erreicht ist; am oberen Ende des Hauptstriches befindet sich ein nach links oben gerichteter Ausstrich, dessen linkes Ende den oberen Rand des Buchstabenquadrates berührt; an der Stelle, an der der Hauptstrich seine waagerechte Richtung ändert und nach links abbiegt, steht ein dünner Abstrich, der nach rechts bis zum unteren Rand des Buchstabenquadrates reicht. Dieser Abstrich nach rechts ist ein wesentliches Erkennungsmerkmal für den Buchstaben ג, das ihn deutlich von נ (Buchstabe 14) unterscheidet.
Die Schreibschriftform ∶ᘓ∶ ist durch einen großen nach rechts offenen Halbkreis mit einem kurzen senkrechten Strich am oberen Ende gekennzeichnet. In einer kursiveren Form stehen zwei flache, nach rechts offene Bögen nach links versetzt übereinander, wobei der untere Bogen etwas unter die Zeile reicht: ∶ᘓ∶.

Althebräische Aussprache: Ohne Zusatzzeichen wurde ג als stimmhafter Gaumenreibelaut ausgesprochen, entsprechend dem neugriechischen γ und ähnlich der westfälischen umgangssprachlichen Realisierung des g in *Tage, Lage, Frage.* Mit einem eingesetzten Punkt (גּ) stand der Buchstabe für einen stimmhaften Gaumenverschlußlaut, dem deutschen g entsprechend.

Schulaussprache: In der Schulaussprache wird zwischen ג und גּ nicht unterschieden: In beiden Fällen entspricht die Realisierung der eines deutschen *g*.

Israelhebräische Aussprache: Identisch mit der Schulaussprache. In Fremdwörtern wird 'ג für [ʤ] (Anlaut von italienisch *gente, Gina*) geschrieben: גֹ'ורג' "George" (englisch ausgesprochen).

Jiddische Aussprache: ג wird wie ein deutsches *g* ausgesprochen (גוט [gut] "gut").

Judenspanische Aussprache: ג wird wie ein deutsches *g* ausgesprochen (גיאדור [giador] "Führer"); ג̄ (manchmal auch ג̇ geschrieben) wird wie [ʧ] (spanisch *chico*) oder [ʤ] (Anlaut von italienisch *gente, Gina*) ausgesprochen (מונג̄ו [munčo] "sehr", ג̄ידייו [ʤidjó] "Jude, jüdisch").

Dritter Buchstabe: Gimmel ג

Gimmel	ג	גָּמֶל
ג	*ג*	*ג*
Zahlenwert: 3	Lautwert: ג / ג = g	Umschrift: ג = ḡ, גּ = g

Vokabeln:

דָּג [dag] "Fisch"
חָגָב [xagav] "Heuschrecke"
מִגְדָּל [migdal] "Turm"
נֶגֶב [nægæv] "Süden; Negev-Wüste"
עֲגָלָה ['agala] "Wagen"
רֶגֶל [rægæl] "Fuß, Bein"
שְׁגָגָה [ʃəgaga] "Irrtum"
תַּגָּר [tagar] "Krämer"
תַּזְגִיג [tazgig] "Email"

אַגַב ['agav] "bei" ↓
בֶּגֶד [bægæd] "Oberkleid"
גֵּא [ge'] "stolz"
גַּב [gav] "Rücken"
גַּבְרִיאֵל [gavri'el] "Gabriel"
גַּג [gag] "Dach"
גּוֹי [goj] "Nichtjude"
גֹּלֶם [golem] "Golem"
גַּן [gan] "Garten"

Leseübung für Anfänger:

אַגַב, גַּב, גָּג, גֵּא
אַגַב, גַּב, גָּג, גֵּא

Leseübung für Fortgeschrittene:

Anlaut:

גַּבְרִיאֵל, גַּן, גֹּלֶם, גּוֹי
גַּבְרִיאֵל, גַּן, גֹּלֶם, גּוֹי

Inlaut:

מִגְדָּל, בֶּגֶד, עֲגָלָה, נֶגֶב, רֶגֶל, חָגָב, שְׁגָגָה, תַּגָּר
מִגְדָּל, בֶּגֶד, עֲגָלָה, נֶגֶב, רֶגֶל, חָגָב, שְׁגָגָה, תַּגָּר

Auslaut:

גָּג, תַּזְגִיג, דָּג
גָּג, תַּזְגִיג, דָּג

Vierter Buchstabe: Daleth ד

D a l e t h ד (דָּלֶת [dælæt]), der vierte Buchstabe des hebräischen Alphabets (Umschrift für ד: ḏ; Umschrift für דּ: d), ins Griechische als Gamma (δ) übernommen. Der Buchstabe stellt die Stilisierung eines Türflügels (hebräisch דֶּלֶת [dælæt]) dar. ד bedeutet als Zahlzeichen 4.

Form des Buchstabens: In der Druckschrift haben wir es mit einem waagerechten Strich am oberen Rand des Buchstabenquadrates zu tun, auf dessen rechter Seite sich ein senkrechter Strich befindet, der dem rechten Rand des Buchstabenquadrates folgt; beide Striche treffen spitz aufeinander, wobei der obere Strich ein wenig nach rechts über dem Treffpunkt mit dem senkrechten Strich hinausreicht. Dieses Charakteristikum unterscheidet ד am eindeutigsten von ר (Buchstabe 20), das oben rund ist.
In der Schreibschrift besteht der Buchstabe aus einem oberen, nach unten offenen Bogen, der in einer Schlaufe in eine senkrechte Linie übergeht, die dem rechten Rand des Buchstabenquadrates folgt: ?.

Althebräische Aussprache: Ohne Zusatzzeichen wurde ד als stimmhafter, zwischen den oberen und unteren Schneidezähnen erzeugter Reibelaut ausgesprochen, vergleichbar dem englischen stimmhaften *th* (z. B. im Artikel *the*) oder dem neugriechischen δ. Mit einem eingesetzten Punkt (דּ) stand der Buchstabe für einen stimmhaften, an den oberen Zähnen erzeugten Verschlußlaut, dem deutschen *d* entsprechend.

Schulaussprache: In der Schulaussprache wird zwischen ד und דּ nicht unterschieden: In beiden Fällen entspricht die Realisierung der eines deutschen *d*.

Israelhebräische Aussprache: Identisch mit der Schulaussprache.

Jiddische Aussprache: ד wird wie ein deutsches *d* ausgesprochen (דָארטן [dortn] "dort"). Zur Buchstabenverbindung דזש siehe unter ז (Buchstabe 7).

Judenspanische Aussprache: ד wird als *d* ausgesprochen (דוס [dos] "zwei"), zwischen zwei Vokalen als [ð] wie in engl. *the* (סודור [suðor] "Schweiß").

Vierter Buchstabe: Daleth ד

Daleth	ד	דָּלֶת
ד	ד	ד
Zahlenwert: 4	**Lautwert:** ד //ד = d	**Umschrift:** ד = d, ד = d

Vokabeln:

דָּוִד [david] "David"
לְבָדָד [ləvadad] "allein für sich"
מִדְבָּר [midbar] "Wüste"
נָדִיב [nadiv] "freigiebig"
סְדוֹם [sədom] "Sodom"
סֵדֶר [sedær] "Ordnung"
צָמוּד [tsamud] "eng anliegend"
קָדִישׁ [kadiʃ] "Totengebet, Kaddisch"
רָדוּד [radud] "flach"

↓ אֵד [ʾed] "Dampf"
בֶּגֶד [bægæd] "Kleidung"
בַּד [bad] "Lüge; Leinen; Ölzweig"
גַּד [gad] "Glück"
גְּדוּד [gədud] "Regiment"
גָּדוֹל [gadol] "groß"
דָּבָב [dævæv] "Interview"
דִּבּוּר [dibur] "Reden"
דְּבוֹרָה [dəvora] "Debora"
דָּבָר [davar] "Wort; Sache"

Leseübung für Anfänger:

אֵד, דְּבָב, גַּד, בַּד, בֶּגֶד
אד, דבב, גד, בד, בגד

Leseübung für Fortgeschrittene:

Anlaut:

דִּבּוּר, דְּבוֹרָה, דָּבָר, דָּוִד
דבור, דבורה, דבר, דויד

Inlaut:

גָּדוֹל, קָדִישׁ, נָדִיב, מִדְבָּר, סְדוֹם, סֵדֶר
גדול, קדיש, נדיב, מדבר, סדום, סדר

Auslaut:

צָמוּד, גְּדוּד, רָדוּד
צמוד, גדוד, רדוד

Fünfter Buchstabe: He ה

H e ה (הֵא {hē}), der fünfte Buchstabe des hebräischen Alphabets (Umschrift: h; am Wortende normalerweise nicht transkribiert, nur wenn es einen Punkt in der Mitte hat: h). ה bedeutet als Zahlzeichen 5.

Form des Buchstabens. In der Druckschrift füllt ה das Buchstabenquadrat aus: Wir haben es mit einem waagerechten Strich am oberen Rand zu tun, auf den ein dem rechten Rand folgender senkrechter Strich trifft; beide Striche können rund oder spitz aufeinandertreffen. Am linken Rand des Buchstabenquadrats befindet sich ein halbhoher, leicht geschwungener, senkrechter Strich, der den waagerechten Strich auf keinen Fall berührt. Dieses Charakteristikum unterscheidet ה am eindeutigsten von ח (Buchstabe 8).

In der Schreibschrift haben wir es bei ה mit zwei parallel verlaufenden, nach links geöffneten Bögen zu tun, die auf der Zeilenbasis einsetzen: ֹה.

Althebräische Aussprache: ה wurde am Wortanfang und in der Wortmitte als ein im Rachen gebildeter Hauchlaut ausgesprochen, vergleichbar dem deutschen *h*. Am Wortende war ה Vokalträger (meistens für *ā*, seltener für *ē*); wenn in dieser Position der Rachenhauchlaut bezeichnet werden sollte, wurde das durch einen Punkt in der Mitte ausgedrückt: הּ. Man sollte also bei der Wiedergabe hebräischer Feminina in lateinischer Schrift am Ende kein *h* schreiben: *Sara* und nicht *Sarah* für שָׂרָה.

Schulaussprache: In der Schulaussprache wird ה wie ein deutsches *h* realisiert; am Wortende ist es (außer wenn es mit einem Punkt in der Mitte versehen ist) stumm.

Israelhebräische Aussprache: Identisch mit der Schulaussprache.

Jiddische Aussprache: ה wird wie ein deutsches *h* ausgesprochen (הײס [hejs] "heiß").

Judenspanische Aussprache: ה wird nur am Wortende als Vokalträger für *a* verwendet (דיאה [dia] "Tag").

Fünfter Buchstabe: He ה

He	ה	הֵא
ה	◌ָה	◌ָה
Umschrift: ה = h	Lautwert: ה = h	Zahlenwert: 5

Vokabeln:

דָּהָה [dehæ] "verblichen"
הָגָר [hagar] "Hagar"
הוּא [hu'] "er"
הִיא [hi'] "sie"
הַר [har] "Berg"
חַוָּה [xava] "Eva"
כֹּהֵן [kohen] "Priester"
מְהֵרָה [mehera] "schnell"
קָהָל [kahal] "Publikum"
שָׂרָה [sara] "Sara"

↓ אַבְרָהָם ['avraham] "Abraham"
אֲדָמָה ['adama] "Boden"
אַהֲבָה ['ahava] "Liebe"
אֱלוֹהַּ ['æloah] "Gott"
אַמֵרִיקָה [amærika] "Amerika"
גָּבֹהַּ [gavoah] "hoch"
גָּדָה [gada] "Ufer"
גֶּרְמַנְיָה [gærmanja] "Deutschland"
דִּבָּה [diba] "Verleumdung"
דֻּבָּה [duba] "Bärin"

Leseübung für Anfänger:

דֻּבָּה, גָּדָה, אַהֲבָה, גָּבֹהַּ, דִּבָּה, דָּהָה

Leseübung für Fortgeschrittene:

Anlaut:

הָגָר, הוּא, הִיא, הַר

Inlaut:

אַבְרָהָם, מְהֵרָה, כֹּהֵן, קָהָל

Auslaut:

שָׂרָה, חַוָּה, מְהֵרָה, אֱלוֹהַּ, גָּבֹהַּ

Waw ו ((וָיו {wāw})), der sechste Buchstabe des hebräischen Alphabets (Umschrift für וְ: w; Umschrift für וֹ: ō; Umschrift für וּ: ū). Der Buchstabe stellt die Stilisierung eines Nagels (hebräisch וָו {wāw}) dar. ו bedeutet als Zahlzeichen 6.

Form des Buchstabens. In der Druckschrift nimmt der Buchstabe das rechte Drittel des Buchstabenquadrates ein. Ein kurzer, leicht nach unten geneigter Strich führt zur rechten Ecke des Quadrates und biegt dann scharf nach unten um, um senkrecht dem rechten Rand des Quadrates zu folgen, bis er auf dessen Grundlinie trifft. Die Kürze des oberen Striches unterscheidet ו vom ר (Buchstabe 20); vom Schluß-ן (Buchstabe 14) unterscheidet sich ו dadurch, daß es nicht unter die Zeile reicht.
In der Schreibschrift ist ו ein einfacher senkrechter Strich, der auf keinen Fall unter die Zeile reichen darf.

Althebräische Aussprache: ו wurde als stimmhafter, mit beiden Lippen gebildeter Halbvokal ausgesprochen, vergleichbar dem englischen *w*. Als Vokalträger stand וֹ für [ō] und וּ für [ū].

Schulaussprache: In der Schulaussprache wird ו wie ein deutsches *w* realisiert (ohne Unterschied zu ב [Buchstabe 2]); וֹ wird als [ō] und וּ als [ū] ausgesprochen.

Israelhebräische Aussprache: ו wird wie ein deutsches *w* realisiert (ohne Unterschied zu ב [Buchstabe 2]); וֹ wird als [o] und וּ als [u] ausgesprochen.

Jiddische Aussprache: ו wird wie *u* ausgesprochen ((קו [ku] "Kuh")), ווּ wie *w* ((ווען [ven] "wenn"), וי wie *oj* (מויז [mojz] "Maus")).

Judenspanische Aussprache: ו steht in unpunktierten Texten für *o* oder *u* ((ייו [jo] "ich", מויי [muj] "sehr"); in punktiertem Texten steht וֹ für *o* und וּ für *u* ((אוֹמברי [ombre] "Mensch", אוּנה [una] "eine")). In alten religiösen Texten steht ו auch statt ב für den wie deutsches *w* realisierten Laut ((וינו [vino] "Wein")).

Sechster Buchstabe: Waw ו

Waw	ו	חַיָּה
ו	ו	ו
Zahlenwert: 6	Lautwert: ו =w, וֹ =o, וּ =u	Umschrift: ו =w, וֹ =ō, וּ =ū

Vokabeln:

חֶבְרוֹן [xævron] "Hebron"
יוֹן [jon] "Ion"
יָוָן [javan] "Griechenland"
יָפוֹ [jafo] "Jaffa"
יִשּׁוּב [jiʃuv] "Bevölkerung"
וִינָה [vina] "Wien"
כּוֹכָב [koxav] "Stern"
לִכּוּד [likud] "Sammlung"
מִתְוָה [mitva] "Skizze"

⇩ אוֹן [on] "Kraft"
בִּגּוּד [bigud] "Einkleidung"
בִּדּוּד [bidud] "Isolierung"
גּוֹבֶה [govæ] "Kassierer"
דּוֹדָה [doda] "Tante"
הֹוֶה [hovæ] "Gegenwart"
הִוָּצְרוּת [hivatsrut] "Entstehung"
וָו [vav] "Nagel, Haken"
וַעַד [vaʕad] "Komitee"

Leseübung für Anfänger:

בִּדּוּד, הֹוֶה, דּוֹדָה, אוֹן, גּוֹבֶה, בִּגּוּד

Leseübung für Fortgeschrittene:

Anlaut: וָו, וַעַד, וִינָה

Inlaut: חֶבְרוֹן, לִכּוּד, מִתְוָה, הִוָּצְרוּת, יִשּׁוּב, יָוָן, יוֹן, כּוֹכָב, אוֹן

Auslaut: וָו, יָפוֹ

Siebter Buchstabe: Sajin ז

S a j i n ז (זַיִן {zajin}), der siebte Buchstabe des hebräischen Alphabets (Umschrift: z); ins Griechische als Zeta (ζ) übernommen. Der Buchstabe stellt die Stilisierung einer Waffe (hebräisch זַיִן {zajin}) dar. ז bedeutet als Zahlzeichen 7.

Form des Buchstabens. In der Druckschrift haben wir es mit einem senkrechten Strich am rechten Rand des Buchstabenquadrates zu tun, auf dessen beiden Seiten oben ein kurzer Strich abzweigt, dessen linke Hälfte etwas dicker und leicht nach oben gerichtet ist, während die rechte Hälfte etwas dünner und leicht nach unten gerichtet ist. Die Tatsache, daß ein kurzer Strich nach beiden Seiten vom senkrechten Hauptstrich abgeht, unterscheidet ז von ו (Buchstabe 6).
Die Schreibschriftform ist durch einen großen nach links offenen Halbkreis mit einem kurzen senkrechten Strich am oberen Ende gekennzeichnet. In einer kursiveren Form handelt es sich nicht um einen Halbkreis, sondern um einen unter die Zeile reichenden flacheren Bogen.

Althebräische Aussprache: ז wurde als stimmhafter, an den oberen Schneidezähnen gebildeter Zischlaut ausgesprochen, vergleichbar dem deutschen stimmhaften *s* (z. B. *Segen, Wesen*) oder dem französischen *z*.

Schulaussprache: In der Schulaussprache wird ז wie ein deutsches stimmhaftes *s* realisiert.

Israelhebräische Aussprache: Identisch mit der Schulaussprache. In Fremdwörtern wird 'ז für [ʒ] (Anlaut von *Journal*, Auslaut von *Garage*) geschrieben: זֻ'וּרְנָל "Journal".

Jiddische Aussprache: ז wird wie ein stimmhaftes deutsches *s* ausgesprochen (זע [ze] "See"). Die Verbindung זש steht für ʒ wie im Anlaut von *Journal* oder im Auslaut von *Garage* (זשאַבע [ʒabə] "Frosch"), die Verbindung דזש gibt entsprechend dʒ wie im Anlaut von it. *Gina* wieder (בלאָנדזשען [blondʒən] "sich verirren").

Judenspanische Aussprache: ז steht für stimmhaftes *s* (בִיזִינוֹ [vezino] "Nachbar"). Für ʒ (Auslaut des Wortes *Garage*) wird ז̄ geschrieben (מוז̄יר [muʒer] "Frau").

Siebter Buchstabe: Sajin ז

Sajin	ז	זַיִן
ז	כ	כ
Zahlenwert: 7	Lautwert: ז = z (stimmhaftes s)	Umschrift: ז = z

Vokabeln:

חָזָק [xazak] "stark"
חָזְקָה [xozka] "Kraft"
כָּזָב [kazav] "Lüge"
מַזָּל [mazal] "Glück"
מַזְכִּירָה [mazkira] "Sekretärin"
עַזָּה ['aza] "Gaza"
פְּזוּרָה [pəzura] "Diaspora"
שָׁזִיף [ʃazif] "Pflaume"

בִּזְבּוּז [bizbuz] "Verschwendung"
הַזְוָנָה [hazvaga] "Kupplung"
זְאֵב [zə'ev] "Wolf"
זְבוּב [zəvuv] "Fliege"
זִגְזָג [zigzag] "Zickzack"
זֶה [zæ] "dieser"
זָהָב [zahav] "Gold"
זְכַרְיָה [zəxarja] "Zacharias"
זָר [zar] "fremd"

Leseübung für Anfänger:

בִּזְבּוּז, זְאֵב, זֶה, הַזְוָנָה, זְבוּב, זָהָב

Leseübung für Fortgeschrittene:

Anlaut: זְאֵב, זָר, זְכַרְיָה, זְבוּב, זְבוּב

Inlaut: כָּזָב, מַזָּל, עַזָּה, חָזָק, חָזְקָה, שָׁזִיף, מַזְכִּירָה, פְּזוּרָה

Auslaut: בִּזְבּוּז

Cheth ח (חית {hēt}), der achte Buchstabe des hebräischen Alphabets (Umschrift: ḥ). Der Buchstabe stellt die Stilisierung eines Zaunes dar. ח bedeutet als Zählzeichen 8.

Form des Buchstabens. In der Druckschrift haben wir es bei ח mit zwei senkrechten Strichen jeweils am rechten und linken Rand des Buchstabenquadrats zu tun, die spitz auf einen waagerechten Strich am oberen Rand des Buchstabenquadrats treffen, der links und rechts etwas über den Berührungspunkt mit den senkrechten Strichen herausragt. Von ה (Buchstabe 5) unterscheidet sich ח dadurch, daß auch der linke senkrechte Strich den waagerechten Strich berührt; der Unterschied zu ת (Buchstabe 22) besteht darin, daß bei ח auch der linke Strich gerade ist.

Die Schreibschriftform ist durch einen senkrechten Strich gekennzeichnet, der zu seiner rechten Seite ein Halboval hat.

Althebräische Aussprache: ח wurde als stimmloser Rachenreibelaut ausgesprochen, ähnlich dem deutschen *ch* in *ach*.

Schulaussprache: In der Schulaussprache wird ח wie der deutsche *ach*-Laut realisiert.

Israelhebräische Aussprache: Identisch mit der Schulaussprache.

Jiddische Aussprache: ח wird nur bei hebräischen Elementen, nicht bei eigenen Wörtern verwendet.

Judenspanische Aussprache: ח wird nur bei hebräischen Elementen, nicht bei eigenen Wörtern verwendet.

Achter Buchstabe: Cheth ח

Cheth	ח	חֵית
ח	.ח.	.ח.
Zahlenwert: 8	Lautwert: ח = x (ach-Laut)	Umschrift: ח = ḥ

Vokabeln:

חַנָה [xana] "Hanna"
מָחוֹל [maxol] "Tanz"
מַחְסָן [maxsan] "Lager"
נֹחַ [noax] "Noah"
פַּח [pax] "Blech; Falle"
קְדַחְדָח [kədaxdax] "Drillbohrer"
שַׁחוּץ [ʃaxuts] "hochmütig"
תְחוּם [təxum] "Gebiet"

↓ אֶחָד ['æxad] "eins"
אֲחֻזָה ['axuza] "Landbesitz"
בָּחִיר [baxir] "auserwählt"
דָחוּף [daxuf] "eilig"
דְחִיָה [dəxija] "Aufschub"
חֲבַקוּק [xavakuk] "Habakuk"
חַג [xag] "Fest"
חַדְרָנִית [xadranit] "Zimmermädchen"

Leseübung für Anfänger:

דְחִיָה, אֲחֻזָה, חַנָה, קְדַחְדָח, אֶחָד
דחיה, אחזה, חנה, קדחדח, אחד

Leseübung für Fortgeschrittene:

Anlaut:

חֲבַקוּק, חַג, חַדְרָנִית
חבקוק, חג, חדרנית

Inlaut:

מָחוֹל, תְחוּם, מַחְסָן, דָחוּף, תְחוּם, שַׁחוּץ
אחול, תחום, אחסן, דחוף, תחום, שחוץ

Auslaut:

פַּח, נֹחַ
פח, נח

Teth ט (טֵית {ṭēt}), der neunte Buchstabe des hebräischen Alphabets (Umschrift: t), ins Griechische als Thēta (θ) übernommen. Die ursprüngliche Bedeutung des Buchstabennamens ist umstritten; denkbar ist "Schlange". ט bedeutet als Zahlzeichen 9.

Form des Buchstabens. In der Druckschrift nimmt ט das ganze Buchstabenquadrat ein: ט ist zusammengesetzt aus zwei vom entlang des unteren Randes des Buchstabenquadrats verlaufenden geraden Grundstrich aus nach oben führenden leicht gewölbten Strichen, von denen der rechte nach Erreichen des oberen Randes des Buchstabenquadrats in die Zeilenmitte umgebogen ist; ט ist der einzige Buchstabe, der dieses Charakteristikum aufweist, weswegen eine Verwechslung kaum möglich ist.
In der Schreibschrift wird ט etwa wie unsere Zahl 6, jedoch mit etwas über die normale Buchstabenhöhe reichender offener Schlaufe, geschrieben: 6.

Althebräische Aussprache: ט wurde als emphatischer, an den oberen Schneidezähnen erzeugter Verschlußlaut ausgesprochen, also ungefähr wie ein unbehauchtes *t*, bei dem der hintere Teil der Zunge an den Gaumen gedrückt wird.

Schulaussprache: ט wird als *t* ausgesprochen (ohne Unterschied zu ת [Buchstabe 22]).

Israelhebräische Aussprache: Identisch mit der Schulaussprache. Zur Wiedergabe eines *t* in nichthebräischen Wörtern wird stets ט verwendet.

Jiddische Aussprache: ט wird als unaspiriertes *t* ausgesprochen (מאַנטל [mantl] "Mantel").

Judenspanische Aussprache: ט wird als *t* ausgesprochen (טו [tu] "du").

Neunter Buchstabe: Teth ט

Teth	ט	טֵית
ט	○	○
Zahlenwert: 9	Lautwert: ט = t	Umschrift: ט = ṭ

Vokabeln:

טִיב [tiv] "Qualität"
טֶלֶפוֹן [tælæfon] "Telephon"
מֶטָפוֹרָה [mætafora] "Metapher"
מֶטֶר [mætær] "Meter"
עֲטָרָה ['atara] "Krone"
קָטָן [katan] "klein"
רָטֹב [ratov] "naß"
שׁוֹטֵר [ʃoter] "Polizist"

↓ אוֹטוֹ ['oto] "Auto"
אָטוֹם ['atom] "Atom"
בִּטָחוֹן [bitaxon] "Sicherheit"
גֶטוֹ [gæto] "Ghetto"
גֵט [get] "Scheidung"
זוּטָר [zutar] "Junior"
טוֹב [tov] "gut"
טוֹבִיָה [tovija] "Tobias"

Leseübung für Anfänger:

גֵט, אוֹטוֹ, גֶטוֹ, טוֹבִיָה, טוֹב

Leseübung für Fortgeschrittene:

Anlaut: טוֹבִיָה, טוֹב

Inlaut: רָטֹב, גֶטוֹ, עֲטָרָה, מֶטָפוֹרָה, קָטָן, מֶטֶר, בִּטָחוֹן, זוּטָר

Auslaut: גֵט

J u d י (יוּד {jūḏ}; auch: יוֹד {jōḏ}), der zehnte Buchstabe des hebräischen Alphabets (Umschrift: j), ins Griechische als Iōta (ι) übernommen. Der Buchstabe stellt die Stilisierung einer Hand (hebräisch יָד {jāḏ}) dar. י bedeutet als Zahlzeichen 10.

Form des Buchstabens. In der Druckschrift ist י der kleinste Buchstabe; er nimmt nur das rechte Viertel des Buchstabenquadrates ein und besteht aus einem sehr kurzen waagerechten Strich, der eng nach unten umbiegt und in einem ebenso kurzen, leicht nach innen gebogenen Strich ausläuft.

In der Schreibschrift wird י als kleiner senkrechter Strich, der von der normalen Buchstabenhöhe aus nach unten gerichtet ist, geschrieben: ׃׃׃.

Althebräische Aussprache: י bezeichnete einen stimmhaften, am Gaumen gebildeten Halbvokal, dem deutschen *j* entsprechend.

י kann im Wortinnern und am Wortende auch Vokalträger sein, meistens für *i*, aber auch für *e*.

Schulaussprache: י wird, wenn es Konsonant und nicht Vokalträger ist, als *j* ausgesprochen.

Israelhebräische Aussprache: Identisch mit der Schulaussprache.

Jiddische Aussprache: י wird im Anlaut konsonantisch für *j* verwendet (יאָ [jo] "ja"), sonst ist es nur Vokalzeichen für *i* (ביִן [bin] "Biene"); es kommt auch als zweites Element eines Zwielauts vor: וי = *oj* (שטרוי [ʃtroj] "Stroh", יי = *ej* (שייִן [ʃejn] "schön"), ײַ = *aj* (אײַזן [ajzn] "Eisen").

Judenspanische Aussprache: י steht für *e* oder *i* (מיס [mes] "Monat", בִּידה [vida] "Leben"). Beginnt eine Silbe mit einem dieser Vokale, muß ein א vorgesetzt werden, also אי (siehe unter א, Buchstabe 1). יי steht konsonantisch für [j] (יו [jo] "ich", אנייו [anjo] "Jahr") und für den Zwielaut [ej] (ריי [rej] "König").

Zehnter Buchstabe: Jud י

Jud	י	יוּד
י	....י....	....י....
Zahlenwert: 10	Lautwert: י = j	Umschrift: י = j

Vokabeln:

יוֹגוּרְט [jogurt] "Joghurt"
יוֹם [jom] "Tag"
יַיִן [jajin] "Wein"
נִיד [nid] "Bewegung"
נָיָד [najad] "beweglich"
קַיִן [kajin] "Kain"
שֵׁיךְ [ʃex] "Scheich"
שִׁשִּׁי [ʃiʃi] "sechster"

↓ אָבִיב [ʾaviv] "Frühling"
אִישׁ [ʾiʃ] "Mann"
בִּנְיָמִין [binjamin] "Benjamin"
גִּיס [gis] "Schwager"
חַיִל [xajil] "Armee"
יָד [jad] "Hand; Mahnmal"
יְהוּדִי [jəhudi] "Jude"
יוֹגֵב [jogev] "Bauer"

Leseübung für Anfänger:

יְהוּדִי, יוֹגוּרְט, יָד, יוֹגֵב, אָבִיב

Leseübung für Fortgeschrittene:

Anlaut:

יָד, יַיִן, יוֹם, יְהוּדִי

Inlaut:

חַיִל, אִישׁ, שֵׁיךְ, בִּנְיָמִין, קַיִן, גִּיס, נִיד, נָיָד

K a p h כ (כַּף {kap̄}), der elfte Buchstabe des hebräischen Alphabets (Umschrift für כ: k̲; Umschrift für כּ: k), ins Griechische als Kappa (κ) übernommen. Der Buchstabe stellt die Stilisierung einer hohlen Hand (hebräisch כַּף {kap̄}) dar. כ bedeutet als Zahlzeichen 20.

Form des Buchstabens. In der Druckschrift füllt כ das Buchstabenquadrat aus: Ein senkrechter Strich ist in einer engen Rundung oben und unten mit je einem waagerechten Strich verbunden; wichtig ist im Unterschied zu ב (Buchstabe 2), daß die Striche auf keinen Fall spitz zusammenstoßen.
In der Schreibschrift wird כ als nach links geöffneter Halbkreis geschrieben: ּכ.
Der Buchstabe hat eine besondere Form, wenn er Endbuchstabe eines Wortes ist: ך. Das Schluß-Kaph besteht aus einem unter das Buchstabenquadrat reichenden senkrechten Strich, auf dessen rechter Seite ein waagerechter Strich dem oberen Rand des Buchstabenquadrats folgt; beide Striche treffen spitz aufeinander, wobei der obere Strich ein wenig nach rechts über den Treffpunkt mit dem senkrechten Strich hinausreicht. ך unterscheidet sich folglich von ד (Buchstabe 4) nur durch die Unterlänge, vom Schluß-ן (Buchstabe 14) durch die Länge und den spitzen Anschluß des waagerechten oberen Striches. In punktierten Texten ist ךְ am häufigsten.
In der Schreibschrift besteht das Schluß-Kaph aus einem nach links geöffneten Halbkreis auf der Zeile, an den sich ein senkrechter Strich als Unterlänge anschließt: ּק.

Althebräische Aussprache: Ohne Zusatzzeichen wurde כ als stimmloser, am Gaumensegel gebildeter Reibelaut ausgesprochen, ganz grob vergleichbar dem Anlaut, den ein Schweizer beim Wort *Kind* spricht. Mit einem eingesetzten Punkt (כּ) stand der Buchstabe für einen stimmlosen, am Gaumensegel gebildeten Verschlußlaut, einem unbehauchten *k* entsprechend.

Schulaussprache: In der Schulaussprache wird כ als stimmhafter palataler Reibelaut, dem *ch* in *ich* entsprechend, realisiert, כּ als *k*.

Israelhebräische Aussprache: כ wird als stimmloser Rachenreibelaut ausgesprochen, ähnlich dem deutschen *ch* in *ach*; zur Aussprache von ח (Buchstabe 8) besteht kein Unterschied. כּ wird als unbehauchtes *k* ausgesprochen.

Jiddische Aussprache: כ wird nur bei hebräischen Elementen verwendet, כ als *ach*-Laut gesprochen (זיכער [zixər] "sicher").

Judenspanische Aussprache: כ wird nur bei hebräischen Elementen, nicht bei eigenen Wörtern verwendet.

Elfter Buchstabe: Kaph כ (ך-)

Kaph	כ	כַּף
כ (-ך)	כָּכ	כָּכ
Zahlenwert: 20	Lautwert: כ = x, כּ = k	Umschrift: כ = ḵ, כּ = k

Vokabeln:

לִכּוּד [likud] "Einigung"
מֶלֶךְ [mælæx] "König"
סֹמֶךְ [somæx] "Dichte"
עַכְשָׁו [axʃav] "jetzt"
עֵרֶךְ [æræx] "Wert"
פַּךְ [pax] "Ölkrug"
שָׂכָר [saxar] "Lohn"
תַּכְלִית [taxlit] "Zweck"

↓ אֹכֶל ['oxæl] "Speise"
כִּנֶּרֶת [kinæræt] "Genezareth"
זָכָר [zaxar] "Mann"
חָכְמָה [xoxma] "Wissenschaft"
כְּאֵב [kə'ev] "Schmerz"
כָּבֵד [kaved] "schwer"
כּוֹכָב [koxav] "Stern"
כִּי [ki] "denn"
כְּפַר נַחוּם [kəfar naxum] "Kepharnaum"

Leseübung für Anfänger:

כְּאֵב, כִּי, כָּבֵד, כּוֹכָב
כאב, כי, כבד, כוכב

Leseübung für Fortgeschrittene:

Anlaut:

כְּפַר נַחוּם, כִּנֶּרֶת
כפר נחום, כנרת

Inlaut:

שָׂכָר, אֹכֶל, לִכּוּד, עַכְשָׁו, תַּכְלִית
שכר, אכל, לכוד, עכשו, תכלית

Auslaut:

סֹמֶךְ, מֶלֶךְ, עֵרֶךְ, פַּךְ
סמך, מלך, ערך, פך

Zwölfter Buchstabe: Lamed ל

L a m e d ל (לָמֶד {lāmæd}), der zwölfte Buchstabe des hebräischen Alphabets (Umschrift: l), ins Griechische als Lambda (λ) übernommen. Der Buchstabe stellt die Stilisierung eines Ochsenstachels (hebräisch לָמָד {lāmād}) dar. ל bedeutet als Zahlzeichen 30.

Form des Buchstabens. In der Druckschrift weist ל einen Anstrich oberhalb der linken oberen Ecke des Buchstabenquadrats auf; sodann folgt der Buchstabenstrich dem oberen Rand des Buchstabenquadrats, biegt dann in einer engen Rundung nach unten um und folgt dem rechten Rand des Buchstabenquadrats ungefähr bis zur Mitte, um dann schräg nach links zur unteren linken Ecke des Buchstabenquadrats zu verlaufen. Auf Grund dieser charakteristischen Form kann ל mit keinem anderen Buchstaben verwechselt werden.
In der Schreibschrift wird ל als nach oben über die normale Buchstabengröße herausragende Linie geschrieben, die oben eine nach rechts geöffnete Schlaufe aufweist und unten eine nach rechts gewendete geschlossene Schlaufe hat: *ℓ*.

Althebräische Aussprache: ל wurde wie ein deutsches *l* ausgesprochen.

Schulaussprache: ל wird wie ein deutsches *l* ausgesprochen.

Israelhebräische Aussprache: ל wird wie ein deutsches *l* ausgesprochen.

Jiddische Aussprache: ל wird wie ein deutsches *l* ausgesprochen (וואָלם [volf] "Wolf").

Judenspanische Aussprache: ל wird wie ein deutsches *l* ausgesprochen (סיילו [sjelo] "Himmel").

Zwölfter Buchstabe: Lamed ל

Lamed	ל	לָמֶד
ל	ʃ	ʃ
Zahlenwert: 30	Lautwert: ל = l	Umschrift: ל = l

Vokabeln:

לֹא [loʼ] "nein, nicht"
לֵב [lev] "Herz"
לְבַד [ləvad] "allein"
לָבָה [laba] "Lava; Flamme"
לָהּ [lah] "ihr"
לוֹ [lo] "ihm"
לוֹיָאלִי [lojali] "loyal"
לוּל [lul] "Hühnerstall"

↓ אֹכֶל [ʼoxæl] "Speise"
אַלְכּוֹהוֹל [ʼalkohol] "Alkohol"
בִּלְבּוּל [bilbul] "Unordnung"
גָלִיל [galil] "Galiläa"
דְלִילָה [dəlila] "Delila"
הֶבֶל [hævæl] "Abel"
הֲלָכָה [halaxa] "Talmudgesetz"
הַלְלוּיָה [halelujah] "Hallelujah"

Leseübung:

Anlaut: לָהּ, לֵב, לֹא, לוּל, לְבַד, לָבָה, לוֹ

Inlaut: גָלִיל, דְלִילָה, הֲלָכָה, הַלְלוּיָה

Auslaut: אַלְכּוֹהוֹל, הֶבֶל, בִּלְבּוּל, אֹכֶל

Dreizehnter Buchstabe: Mem מ (ם-)

M e m מ (מֵם {mem}), der dreizehnte Buchstabe des hebräischen Alphabets (Umschrift: m), ins Griechische als My (μ) übernommen. Der Buchstabe stellt die Stilisierung eines Wasserlochs (hebräisch מַיִם {majim} "Wasser") dar. מ bedeutet als Zahlzeichen 40.

Form des Buchstabens. In der Druckschrift zeigt מ links einen senkrechten, dem Rand des Buchstabenquadrats folgenden Strich mit einem Anstrich links oben; ein zweiter, neu angesetzter Buchstabenstrich folgt dem oberen Rand des Buchstabenquadrats, biegt dann in einer engen Rundung nach unten um, folgt dem rechten Rand des Buchstabenquadrats, um dann in einer weiteren engen Rundung am unteren Rand des Buchstabenquadrats zu verlaufen; dieser Strich nähert sich an den linken senkrechten Strich an, ohne ihn zu berühren. Im Unterschied zum entfernt ähnlichen כ (Buchstabe 17) geht der linke senkrechte Strich bis unten.

In der Schreibschrift sieht מ aus wie das lateinische große Druckschrift-N: N.

Der Buchstabe hat eine besondere Form, wenn er Endbuchstabe eines Wortes ist: ם. Dieses Schluß-Mem besteht aus einem Strich, der oben links mit einem Anstrich ansetzend nach rechts den Rändern des Buchstabenquadrats folgt. Im Unterschied zum ס (Buchstabe 15) sind die Ecken spitz und nicht gerundet.

In der Schreibschrift besteht das Schluß-Mem aus einem Kreis, den links ein senkrechter Strich gleicher Höhe berührt: ם.

Althebräische Aussprache: מ wurde wie ein deutsches *m* ausgesprochen.

Schulaussprache: מ wird wie ein deutsches *m* ausgesprochen.

Israelhebräische Aussprache: מ wird wie ein deutsches *m* ausgesprochen.

Jiddische Aussprache: מ wird wie ein deutsches *m* ausgesprochen (לאָמפּ [lomp] "Lampe".

Judenspanische Aussprache: מ wird wie ein deutsches *m* ausgesprochen (אמאר [amar] "lieben").

Dreizehnter Buchstabe: Mem מ (ם-)

Mem	מ	מֵם
מ (ם-)	מ	ם
Zahlenwert: 40	Lautwert: מ = m	Umschrift: מ = m

Vokabeln:

חוֹמָה [xoma] "Mauer"
יוֹם [jom] "Tag"
יוֹמְיוֹם [jomjom] "täglich"
לִמּוּדִים [limudim] "Studium"
מֵאָה [me'a] "hundert"
מְאֹד [məʼod] "sehr; Kraft"
מְגִלָּה [megila] "Buchrolle"
מוּמְיָה [mumja] "Mumie"

↓ אַלְבּוֹם ['albom] "Album"
אֵם ['em] "Mutter"
אֻמָּה ['uma] "Volk"
בָּמָה [bama] "Bühne"
גֹּלֶם [golem] "Golem"
דְּבִיזִים [dævizim] "Devisen"
דּוֹדִים [dodim] "Liebe"
זִמְזוּם [zimzum] "Summen"

Leseübung:

Anlaut: מוּמְיָה, מְאֹד, מֵאָה, מְגִלָּה

Inlaut: יוֹמְיוֹם, זִמְזוּם, אֻמָּה, חוֹמָה, בָּמָה

Auslaut: דּוֹדִים, גֹּלֶם, אֵם, אַלְבּוֹם, לִמּוּדִים

Nun נ (נוּן {nūn}), der vierzehnte Buchstabe des hebräischen Alphabets (Umschrift: n), ins Griechische als Ny (ν) übernommen. Der Buchstabe stellt die Stilisierung eines Fisches (hebräisch נוּן {nūn}) dar. נ bedeutet als Zahlzeichen 50.

Form des Buchstabens. In der Druckschrift nimmt נ das rechte Drittel des Buchstabenquadrats ein: Ein kurzer waagerechter Strich folgt nach rechts dem oberen Rand des Buchstabenquadrates, biegt in der rechten Ecke scharf nach unten um, folgt senkrecht dem rechten Rand und biegt am unteren Rand scharf nach links um, um in einem kurzen waagerechten Strich entlang des unteren Randes auszulaufen. Im Unterschied zu ג (Buchstabe 3) geht der senkrechte Strich bis unten, und es gibt keinen unteren Ausstrich nach rechts.
In der Schreibschrift sieht נ aus wie ein großes lateinisches Druckschrift-J: ⋮ノ⋮.
Der Buchstabe hat eine besondere Form, wenn er Endbuchstabe eines Wortes ist: ן. Dieses Schluß-Nun ist grundsätzlich ein נ, das keinen unteren waagerechten Strich hat, sondern dessen senkrechter Strich unter die Zeile geführt ist; meist gibt es im oberen Teil des Buchstabens noch eine kleine Zierausbuchtung nach rechts. Der obere waagerechte Strich nimmt nur etwa ein Drittel der Buchstabenquadratbreite ein, die das Schluß-ך (Buchstabe 11) beansprucht.
In der Schreibschrift besteht das Schluß-Nun aus einem senkrechten Strich, der unter die Zeile reicht: ⋮ノ⋮.

Althebräische Aussprache: נ wurde wie ein deutsches *n* ausgesprochen.

Schulaussprache: נ wird wie ein deutsches *n* ausgesprochen.

Israelhebräische Aussprache: נ wird wie ein deutsches *n* ausgesprochen.

Jiddische Aussprache: נ wird wie ein deutsches *n* ausgesprochen (בּאַנען [banən] "Züge").

Judenspanische Aussprache: נ wird wie ein deutsches *n* ausgesprochen (אונה [una] "eine"); נײ wird ungefähr wie *nj* realisiert (אנייו [anjo] "Jahr").

Vierzehnter Buchstabe: Nun נ (ן-)

Nun	נ	נוּן
נ (ן-)	‏ﻧ	‏ﻧ
Zahlenwert: 50	Lautwert: נ = n	Umschrift: נ = n

Vokabeln:

יָוָן [javan] "Griechenland"
יַיִן [jajin] "Wein"
מַנְגּוֹ [mango] "Mango"
נֹחַ [noax] "Noah"
נָבִיא [navi'] "Prophet"
נֶגֶב [negev] "Süden"
נוֹבֶלָה [novela] "Novelle"
נַוָד [navad] "Nomade"

↓ אֲנִי ['ani] "ich"
אֳנִיָה ['onija] "Schiff"
בֵּן [ben] "Sohn"
בִּנְיָמִין [binjamin] "Benjamin"
גַּן [gan] "Garten"
גַּנָּב [ganav] "Dieb"
דָּנוּבָה [danuba] "Donau"
חִנּוּךְ [xinux] "Bildung"

Leseübung:

Anlaut: נֹחַ, נוֹבֶלָה, נֶגֶב, נַוָד, נָבִיא, נַוָד

Inlaut: אֲנִי, חִנּוּךְ, בִּנְיָמִין, דָּנוּבָה, מַנְגּוֹ, גַּנָּב

Auslaut: יָוָן, בֵּן, גַּן, לָוָן

S a m e c h ס (סָמֶךְ {sāmæk}), der fünfzehnte Buchstabe des hebräischen Alphabets (Umschrift: s), ins Griechische mit verändertem Lautwert als Xi (ξ) übernommen. Der Buchstabe stellt die Stilisierung einer Stütze (hebräisch סָמֶךְ {sæmæk}) dar. ס bedeutet als Zahlzeichen 60.

Form des Buchstabens. In der Druckschrift ist ס ein mit einem geraden Anstrich links oben versehener, mehr oder weniger runder Buchstabe, der alle vier Ränder des Buchstabenquadrats berührt.
In der Schreibschrift ist ס ein Kreis, der die Größe eines normalen Buchstabens hat: ˙ס˙.

Althebräische Aussprache: ס wurde als stimmloser, an den Schneidezähnen gebildeter Zischlaut, einem deutschen *ß* entsprechend, ausgesprochen.

Schulaussprache: ס wird wie ein deutsches *ß* ausgesprochen.

Israelhebräische Aussprache: ס wird wie ein deutsches *ß* ausgesprochen.

Jiddische Aussprache: ס wird wie ein deutsches *ß* ausgesprochen (בײַסן [bajsn] "beißen").

Judenspanische Aussprache: ס wird wie ein deutsches *ß* ausgesprochen (קונוסיר [konoser] "kennen").

Fünfzehnter Buchstabe: Samech ס

Samech	ס	סָמֶךְ
ס	ֹ.ס.	ֹ.ס.
Zahlenwert: 60	Lautwert: ס = s	Umschrift: ס = s

Vokabeln:

סָבָה [sava] "Oma"
סֶגֶל [sægæl] "Personal"
סִגְסַג [sigsag] "Zickzack"
סוֹדָה [soda] "Soda"
סוּס [sus] "Pferd"
סִימָן [siman] "Zeichen"
סָלוֹן [salon] "Salon"

↓ אָסוֹן ['ason] "Unglück"
בָּסִיס [basis] "Basis"
גַּס [gas] "grob"
חֶסֶד [xæsæd] "Gnade"
כּוֹס [kos] "Becher"
מוֹכֵס [moxes] "Zöllner"
נָסִיךְ [nasix] "Fürst"

Leseübung:

Anlaut: סֶגֶל, סָלוֹן, סוֹדָה, סִימָן, סָבָה

Inlaut: בָּסִיס, נָסִיךְ, סִגְסַג, אָסוֹן, חֶסֶד

Auslaut: כּוֹס, גַּס, סוּס, מוֹכֵס

Sechzehnter Buchstabe: Ajin ע

A j i n ע (עַיִן {'ajin}), der sechzehnte Buchstabe des hebräischen Alphabets (Umschrift: '), ins Griechische mit anderem Lautwert als *Omikron* (o) übernommen. In den ältesten semitischen Schriftformen war das Ajin ein Oval, das ein Auge (hebräisch עַיִן {'ajin}) darstellte. ע bedeutet als Zahlzeichen 70.

Form des Buchstabens: Von der linken unteren Ecke des Buchstabenquadrats verläuft eine geschwungene Linie zur rechten oberen Ecke des Buchstabenquadrats, wo ein kleiner Ausstrich nach links geht; von der linken oberen Ecke des Buchstabenquadrats aus quert ein nach rechts geneigter Strich das Buchstabenquadrat, um in dessen unterem Bereich den anderen Strich zu treffen.
In der Schreibschrift sieht das Ajin wie eine auf der Zeile stehende, etwas über die normale Buchstabenhöhe reichende Schlaufe aus: 𝛿 .

Althebräische Aussprache: ע ist ein Konsonantenzeichen (nicht etwa Vokal *o*!), das den kehligen Stimmeinsatz [ʕ] bezeichnete. Europäische Sprachen kennen keinen vergleichbaren Laut; ganz entfernt nähert man sich der Aussprache an, wenn man ein *a* mit besonderer Anstrengung ganz hinten im Mundraum hervorbringt.

Schulaussprache: Fester Stimmeinsatz.

Israelhebräische Aussprache: Kehliger Stimmeinsatz, bei vielen Sprechern auch gar keine phonetische Entsprechung.

Jiddische Aussprache: ע wird in betonter Stellung als *e*-Laut (עסן [esn] "essen") und in unbetonter Stellung als Murmellaut /ə/ ausgesprochen (קומען [kumən] "kommen").

Judenspanische Aussprache: ע wird nur bei hebräischen Elementen, nicht bei eigenen Wörtern verwendet.

Sechzehnter Buchstabe: Ajin ע

Ajin	ע	עַיִן
ע	....𝒳....	....𝒳....
Zahlenwert: 70	Lautwert: ע = ʕ	Umschrift: ע = ʽ

Vokabeln:

לֹעַ [loʽa] "Rachen"
מוּדָע [mudaʽ] "bewußt"
סָעַד [saʽad] "Hilfe"
עֲבוֹדָה [ʽavoda] "Arbeit"
עַד [ʽad] "bis"
עֵדֶן [ʽedæn] "Paradies"
עוֹלֶה [ʽole] "Neubürger Israels"

↓ בַּעַל [baʽal] "Herr; Ehemann"
גֹּעַל [goʽal] "Ekel"
דֵּעָה [deʽa] "Ansicht"
הַבָּעָה [habaʽa] "Ausdruck"
הָעֲזָה [hæʽaza] "Wagnis"
זַעַם [zaʽam] "Zorn"
יָדַע [jedaʽ] "Wissen"

Leseübung:

Anlaut: עֵדֶן, עֲבוֹדָה, עוֹלֶה, עַד

Inlaut: זַעַם, דֵּעָה, בַּעַל, סָעַד, הַבָּעָה, גֹּעַל, הָעֲזָה

Auslaut: לֹעַ, מוּדָע, יָדַע

Siebzehnter Buchstabe: Pe פ

P e פ (פֵּא {pe}), der siebzehnte Buchstabe des hebräischen Alphabets (Umschrift für פ: p̄; Umschrift für פּ: p), ins Griechische als *Pi* (π) übernommen. Der Buchstabe stellt die Stilisierung eines geöffneten Mundes (hebräisch פֶּה {pæ}) dar. פ bedeutet als Zahlzeichen 80.

Form des Buchstabens. In der Druckschrift füllt פ das Buchstabenquadrat aus: Ein senkrechter Strich am rechten Rand des Buchstabenquadrats ist in einer engen Rundung oben und unten mit je einem waagerechten Strich verbunden, und am linken Rand geht ein senkrechter Strich von oben bis zur Mitte des Buchstabenquadrats, wo ein nach rechts zum Zentrum hin gerichteter Ausstrich ansetzt; in diesem linken Bestandteil liegt der Unterschied zu כ (Buchstabe 11).
In der Schreibschrift wird פ etwa wie eine spiegelbildliche 6 mit nach links geöffneter Schlaufe geschrieben: ･ә･.
Der Buchstabe hat eine besondere Form, wenn er Endbuchstabe eines Wortes ist: ף. Dieses Schluß-Pe sieht aus wie das Schluß-Kaph (Buchstabe 11), hat jedoch zusätzlich am linken Rand des Buchstabenquadrats einen senkrechten Strich von oben bis zur Mitte des Buchstabenquadrats, wo ein nach rechts zum Zentrum hin gerichteter Ausstrich ansetzt.
In der Schreibschrift besteht das Schluß-Pe aus einem vom Buchstabenzentrum ausgehenden, zunächst kurz nach links gebogenen Strich, der in eine nach links gewendete, über die Buchstabenhöhe hinausgehende obere Schlaufe übergeht, senkrecht nach unten führt und in einer unteren, unter die Buchstabenbasis führende und links gewendeten Schlaufe, die wieder im Buchstabenzentrum endet, ausläuft : *ƒ* .

Althebräische Aussprache: Ohne Zusatzzeichen wurde פ als stimmloser, mit beiden Lippen gebildeter Reibelaut ausgesprochen, dem zwischen Unterlippe und oberer Zahnreihe gebildeten deutschen *f* ähnlich, aber nicht mit ihm identisch. Mit einem eingesetzten Punkt (פּ) stand der Buchstabe für einen stimmlosen, mit beiden Lippen gebildeten Verschlußlaut, einem unbehauchten *p* entsprechend.

Schulaussprache: Für פ wird *f,* für פּ wird *p* gesprochen.

Israelhebräische Aussprache: Identisch mit der Schulaussprache.

Jiddische Aussprache: פּ steht ohne Zusatzzeichen für *p*, mit einem waagerechten Strich versehen als פֿ für *f* (האָפֿן [hofn] "hoffen").

Judenspanische Aussprache: פ steht ohne Zusatzzeichen für *p* (פאס [pas] "Frieden"), mit einem waagerechten Strich versehen als פֿ für *f* (פֿין [fin] "Ende").

Siebzehnter Buchstabe: Pe פ (ף-)

Pe	פ	פא
פ (ף-)	*handwritten*	*handwritten*
Zahlenwert: 80	Lautwert: פ = f, פ = p	Umschrift: פ = p̄, פ = p

Vokabeln:

מַפָּה [mapa] "Decke; Landkarte"
נִפְנוּף [nifnuf] "Winken"
סוֹף [sof] "Ende"
פֶּה [pæ] "Mund"
פּוֹעֵל [po'el] "Arbeiter"
פַּחַד [paxad] "Angst"
פֵיָה [feja] "Fee"
פָּנִים [panim] "Gesicht"

↓ אַף ['af] "Nase"
דַּף [daf] "Blatt"
דַּפָּס [dapas] "Drucker"
הֲפֵכָה [hafexa] "Revolution"
חֻפָּה [xupa] "Brautbaldachin"
טִפָּה [tipa] "Tropfen"
כִּפָּה [kipa] "Kappe"
לִפְנֵי [lifne] "vor"

Leseübung:

Anlaut: פִיָה, פּוֹעֵל, פָּנִים, פֶּה, פַּחַד

Inlaut: מַפָּה, טִפָּה, דַּפָּס, חֻפָּה, כִּפָּה, לִפְנֵי, הֲפֵכָה

Auslaut: דַּף, נִפְנוּף, אַף, סוֹף

Achtzehnter Buchstabe: Zade צ (ץ-)

Z a d e צ (צָדִי {ṣāḏe}), der achtzehnte Buchstabe des hebräischen Alphabets (Umschrift: ṣ). Ursprünglich stellte der Buchstabe die Stilisierung einer von der Seite (hebräisch צד) gesehenen Blüte dar. צ bedeutet als Zahlzeichen 90.

Form des Buchstabens. In der Druckschrift füllt צ das Buchstabenquadrat aus: Von der linken und rechten oberen Ecke gehen zwei Striche aus, die sich in der Mitte des Buchstabenquadrates treffen; von dort wird der von links oben kommende Strich an den rechten Rand des Buchstabenquadrates geführt, wo er in engem Schwung nach links umgebogen wird und dem unteren Rand des Buchstabenquadrates bis an dessen linke Begrenzung folgt. Der Unterschied zu ע (Buchstabe 16) liegt darin, daß die von links oben und rechts oben kommenden Striche sich in der Mitte des Buchstabenquadrates und nicht in dessen unterem Teil treffen und der rechte Strich nicht dem rechten Rand des Buchstabenquadrates folgt.
In der Schreibschrift sieht צ wie eine große 3 aus, die oben über die normale Buchstabengröße hinausreicht: ⋅3⋅.
Der Buchstabe hat eine besondere Form, wenn er Endbuchstabe eines Wortes ist: ץ. Wir haben es mit einem senkrechten, unter den unteren Rand des Buchstabenquadrates reichenden Strich in der Mitte des Buchstabenquadrates zu tun, der links oben einen leicht nach oben gerichteten Ausstrich hat und von dem im oberen Drittel ein zur rechten oberen Ecke des Buchstabenquadrates laufender Strich abzweigt, der oben einen nach links gerichteten Ausstrich hat.
In der Schreibschrift beginnt beim Schluß-Zade der Buchstabenstrich oberhalb der Buchstabenhöhe und biegt zum Zentrum herunter, um von dort aus in eine obere linksgerichtete Schlaufe überzugehen, senkrecht nach unten zu verlaufen und dort in einer zweiten linksgerichteten Schlaufe, die im Buchstabenzentrum endet, auszulaufen: ⋅𝟐⋅.

Althebräische Aussprache: צ wurde als emphatischer, an den oberen Schneidezähnen erzeugter Zischlaut ausgesprochen, also ungefähr wie ein s, bei dem der hintere Teil der Zunge an den Gaumen gedrückt wird.

Schulaussprache: Für צ wird stimmloses *s* oder *ts* gesprochen.

Israelhebräische Aussprache: Für צ wird *ts* gesprochen. In Fremdwörtern wird 'צ für [tʃ] (*tsch*) geschrieben: צֶ׳רְטֶר "Charter".

Jiddische Aussprache: צ steht im Jiddischen für *ts* (קיצלען [kitslən] "kitzeln").

Judenspanische Aussprache: צ wird nur in hebräischen Wörtern verwendet.

Achtzehnter Buchstabe: Zade צ (ץ-)

Zade	צ	צָדֵי
צ (ץ-)	3**ִ**	3**ִ**
Zahlenwert: 90	*Lautwert:* צ = ts	*Umschrift:* צ = ṣ

Vokabeln:

מִצְוָה [mitsva] "Gebot"
סְצֵינָה [stsena] "Szene"
עֵץ ['ets] "Holz, Baum"
צָבָא [tsava] "Militär"
צַד [tsad] "Seite"
צַו [tsav] "Befehl"
צוֹפֶה [tsofe] "Beobachter"
צִיץ [tsits] "Diadem des Hohepriesters"

↓ אָץ ['ats] "eilend"
אֶצְבַּע ['etsba'] "Finger"
בִּצָּה [bitsa] "Sumpf"
גֵּץ [gets] "Funke"
חֲצִי [xatsi] "Hälfte"
חֻצְפָּה [xutspa] "Frechheit"
יְצוּא [jətsu'] "Export"
לֵץ [lets] "Spaßvogel"

Leseübung:

Anlaut: צַו, צָבָא, צַד, צוֹפֶה

Inlaut: אֶצְבַּע, חֲצִי, סְצֵינָה, יְצוּא, בִּצָּה, חֻצְפָּה, מִצְוָה

Auslaut: עֵץ, אָץ, לֵץ, צִיץ, גֵּץ

Neunzehnter Buchstabe: Quph ק

Q u p h ק (קוּף {kūp}; auch: קוֹף {kōp} Qoph), der neunzehnte Buchstabe des hebräischen Alphabets (Umschrift: q oder ḳ), ins Griechische zunächst als Koppa (ϙ) übernommen, dann aber nur noch als Zahlzeichen (für 90) beibehalten. Der Buchstabe stellt die Stilisierung eines Nadelöhrs (hebräisch קוּף {kūp}) dar. ק bedeutet als Zahlzeichen 100.

Form des Buchstabens. In der Druckschrift weist ק in geringem Abstand von der oberen Quadratbegrenzung einen senkrechten Strich auf, der dem linken Rand des Buchstabenquadrats folgt und eine Unterlänge aufweist; dem oberen Rand folgt ein zweiter Strich, der dann rund abbiegt und bis zum unteren Drittel des rechten Randes geführt wird. Dort läuft er zur linken, unteren Ecke des Quadrates, ohne diese zu berühren.
In der Schreibschrift ist ק entweder eine über und unter die Zeile reichende Schlangenlinie, die im oberen Teil nach links und im unteren Teil nach rechts geöffnet ist (𝟐), oder wir haben es mit einem geraden, unter die normale Buchstabenhöhe reichenden senkrechten Strich zu tun, an dessen oberen Teil sich rechts ein nach links offener Halbkreis anschließt: ̣𝘱̣.

Althebräische Aussprache: ק wurde als emphatischer, am Gaumensegel gebildeter Laut ausgesprochen, also ungefähr wie ein *k*, bei dem die Zunge an den Gaumen angehoben wird.

Schulaussprache: ק wird als *k* ausgesprochen.

Israelhebräische Aussprache: ק wird als *k* ausgesprochen.

Jiddische Aussprache: ק wird als *k* ausgesprochen (קוקן [kukn] "schauen").

Judenspanische Aussprache: ק wird als *k* ausgesprochen (בוקה [boka] "Mund").

Neunzehnter Buchstabe: Quph ק

Quph	ק	קוּף
ק	ק.ו	ק.ו
Zahlenwert: 100	Lautwert: ק = k	Umschrift: ק = q

Vokabeln:

נִקוּד [nikud] "(Text-) Punktierung"
סְקִי [ski] "Ski"
קִבּוּץ [kibuts] "Kibbutz"
קַו [kav] "Strich, Linie"
קוֹל [kol] "Stimme"
קוֹמָה [koma] "Höhe"
קוּקִיָּה [kukija] "Kuckuck"

↓ אַקוֹ ['ako] "Steinbock; Akko"
בֹּהַק [bohak] "Glanz"
דִּקְדוּק [dikduk] "Grammatik"
חֹק [xok] "Gesetz"
יֶקֶה [jækæ] "Jude aus Deutschland"
לֶקְסִיקוֹן [leksikon] "Lexikon"
מָקוֹם [makom] "Platz, Ort"

Leseübung:

Anlaut: קִבּוּץ, קוֹמָה, קַו, קוּקִיָּה, קוֹל
קבוץ, קומה, קו, קוקיה, קול

Inlaut: יֶקֶה, אַקוֹ, נִקוּד, מָקוֹם, סְקִי, לֶקְסִיקוֹן
יקה, אקו, נקוד, מקום, סקי, לקסיקון

Auslaut: בֹּהַק, חֹק, דִּקְדוּק
בהק, חק, דקדוק

Resch ר (רֵישׁ {rēš}), der zwanzigste Buchstabe des hebräischen Alphabets (Umschrift: r), ins Griechische als Rho (ρ) übernommen. Der Buchstabe stellt die Stilisierung eines Kopfes (hebräisch רֹאשׁ {rōš}, Nebenform רֵישׁ {rēš}) dar. ר bedeutet als Zahlzeichen 200.

Form des Buchstabens. In der Druckschrift folgt ר dem oberen Rand des Buchstabenquadrats, biegt dann in einer engen Rundung nach unten um und folgt dem rechten Rand des Buchstabenquadrats bis zu dessen unterem Rand.
In der Schreibschrift ist ר ein nach links offenes Halboval: ⁚ﾌ⁚.

Althebräische Aussprache: ר wurde als *r* ausgesprochen.

Schulaussprache: ר wird als *r* ausgesprochen.

Israelhebräische Aussprache: ר wird als *r* ausgesprochen.

Jiddische Aussprache: ר wird als *r* ausgesprochen (אַרוּם [arúm] "herum").

Judenspanische Aussprache: ר wird als *r* ausgesprochen (ארוס [aros] "Reis").

Zwanzigster Buchstabe: Resch ר

Resch	ר	רֵישׁ
ר	ר	ר
Zahlenwert: 200	Lautwert: ר = r	Umschrift: ר = r

Vokabeln:

מִקְרָא [mikra'] "Bibel"
נַעַר [na'ar] "Knabe"
קוֹרֵא [kore'] "Leser"
רֵאָה [re'a] "Lunge"
רַב [rav] "viel, groß, wichtig; Rabbiner"
רֶגֶל [regel] "Fuß, Bein"
רוֹמִי [romi] "römisch, lateinisch"

↓ אַבְרָהָם ['avraham] "Abraham"
אַהֲרֹן ['aharon] "Aaron"
בָּרוּךְ [barux] "gesegnet"
גָּדֵר [gader] "Zaun"
הַר [har] "Berg"
זָכָר [zaxar] "männlich"
כַּר [kar] "Wiese"

Leseübung:

Anlaut: רֵאָה, רֶגֶל, רַב, רוֹמִי

Inlaut: קוֹרֵא, בָּרוּךְ, אַבְרָהָם, מִקְרָא, אַהֲרֹן

Auslaut: זָכָר, נַעַר, הַר, כַּר, גָּדֵר

Einundzwanzigster Buchstabe: Schin שׁ

S c h i n שׁ (שִׁין {šīn}), der einundzwanzigste Buchstabe des hebräischen Alphabets. Dieser Buchstabe steht für zwei verschiedene Laute, und in punktierten Texten unterscheidet man stets zwischen שׂ (Umschrift: ś) und שׁ (Umschrift: š); in althebräischen Wörterbüchern kommt zuerst שׂ, dann שׁ. Der Buchstabe, der ins Griechische als Sigma (σ) übernommen wurde, stellt die Stilisierung eines Gebisses (hebräisch שִׁנַּיִם {šinnajim}) dar. שׁ bedeutet als Zahlzeichen 300.

Form des Buchstabens. In der Druckschrift besteht שׁ aus drei am oberen Rand des Buchstabenquadrats mit einem kurzen Anstrich beginnenden Strichen, die leicht geschwungen nach unten gehen und dort auf einen den unteren Rand des Buchstabenquadrates einnehmenden waagerechten Strich treffen. Das שׂ weist einen Punkt über dem linken Strich, das שׁ einen Punkt über dem rechten Strich auf.

In der Schreibschrift sieht שׁ aus wie eine etwas über die normale Buchstabenhöhe hinausreichende spiegelverkehrte 9: ℮.

Althebräische Aussprache: שׂ war ein Laut zwischen deutschem stimmlosem *s* und deutschem *sch*, eine Art gelispeltes *sch*, vergleichbar polnischem ś. שׁ entsprach deutschem *sch*.

Schulaussprache: שׂ wird als stimmloses *s* ausgesprochen, שׁ entspricht deutschem *sch*.

Israelhebräische Aussprache: Entsprechend der Schulaussprache.

Jiddische Aussprache: שׁ wird wie deutsches *sch* gesprochen (מִישְׁמַאשׁ [miʃmaʃ] "Mischmasch"); in hebräischen Wörtern steht es auch für *s* oder *sch*.

Judenspanische Aussprache: שׁ wird nur in hebräischen Wörtern für *s* oder *sch* verwendet.

Einundzwanzigster Buchstabe: Schin שׁ

Schin	שׁ	שִׁיר
שׁ	ℯ	ℯ
Zahlenwert: 300	Lautwert: שׂ = s, שׁ = ʃ	Umschrift: שׂ = ś, שׁ = š

Vokabeln:

מֻשָּׂגִי [musagi] "begrifflich"
מְשֻׁגָּע [məʃuga'] "verrückt"
עֶרֶשׂ ['æræs] "Wiege"
קָדוֹשׁ [kadoʃ] "heilig"
רֹאשׁ [roʃ] "Kopf, Anfang"
שִׁבְעָה [ʃiv'a] "sieben"
שָׁלוֹם [ʃalom] "Frieden"
שִׁמְשׁוֹן [ʃimʃon] "Samson"
שַׂר [sar] "Fürst; Minister"

↓ אַשּׁוּר ['aʃur] "Assyrien"
אִישׁ ['iʃ] "Mann"
אִשָּׁה ['iʃa] "Frau"
בָּשָׂר [basar] "Fleisch"
הַשְׁכָּבָה [haʃkava] "Hinlegen"
הַשְׂכָּלָה [haskala] "Bildung"
יִשְׂרָאֵל [jisra'el] "Israel"
לָשׁוֹן [laʃon] "Sprache"
לִשְׁכָּה [liʃka] "Amt"

Leseübung:

Anlaut: שָׁלוֹם, שִׁמְשׁוֹן, שַׂר, שִׁבְעָה

Inlaut: אִשָּׁה, יִשְׂרָאֵל, הַשְׁכָּבָה, הַשְׂכָּלָה, מֻשָּׂגִי, מְשֻׁגָּע, אַשּׁוּר, בָּשָׂר

Auslaut: עֶרֶשׂ, אִישׁ, רֹאשׁ, קָדוֹשׁ

T a w ת (תָו {taw}), der zweiundzwanzigste und letzte Buchstabe des hebräischen Alphabets (Umschrift für ת: ṯ; Umschrift für תּ: t), ins Griechische als Tau (τ) übernommen. Die Bedeutung des Buchstabennamens ist "Zeichen". ת bedeutet als Zahlzeichen 400.

Form des Buchstabens. In der Druckschrift nimmt ת das ganze Buchstabenquadrat ein: Es ist zusammengesetzt aus zwei Strichen, von denen einer zunächst von der linken oberen Ecke aus dem oberen Rand des Buchstabenquadrats folgt, dann in einer engen Rundung nach unten umbiegt und senkrecht dem rechten Rand des Buchstabenquadrats bis zu dessen unterem Rand folgt; der zweite Strich beginnt am oberen Rand des Buchstabenquadrats ein wenig rechts vom Anfangspunkt des ersten Striches und verläuft dann in einer leichten Schlangenlinie bis zum unteren Rand des Buchstabenquadrates.

In der Schreibschrift besteht ת aus zwei Strichen, einem senkrechten J-förmigen Strich links, der oben gekreuzt wird von einem links offenen Halboval: ת.

Althebräische Aussprache: Ohne Zusatzzeichen wurde ת als stimmloser, zwischen den oberen und unteren Schneidezähnen erzeugter Reibelaut ausgesprochen, vergleichbar dem englischen stimmlosen *th* (z. B. im Wort *think*) oder dem neugriechischen θ. Mit einem eingesetzten Punkt (תּ) stand der Buchstabe für einen stimmlosen, an den oberen Zähnen erzeugten Verschlußlaut, einem unbehauchten *t* entsprechend.

Schulaussprache: In der Schulaussprache wird zwischen ת und תּ nicht unterschieden (und auch nicht zwischen ת / תּ und ט [Buchstabe 9]): In allen Fällen entspricht die Realisierung der eines deutschen *t*.

Israelhebräische Aussprache: In Israel wird zwischen ת und תּ nicht unterschieden; man spricht ein unbehauchtes *t*.

Jiddische Aussprache: ת wird nur in hebräischen Wörtern verwendet.

Judenspanische Aussprache: ת wird nur in hebräischen Wörtern verwendet.

Zweiundzwanzigster Buchstabe: Taw ת

Taw	ת	תָו
ת	ת֗	ת֗
Zahlenwert: 400	Lautwert: ת / תּ = t	Umschrift: תּ = t; ת = t

Vokabeln:

מָתַי [mataj] "wann"
נָצְרַת [natsrat] "Nazareth"
עִתּוֹן ['iton] "Zeitung"
פְּרָת [pərat] "Euphrat"
תֵּל אָבִיב [tel 'aviv] "Tel Aviv"
תָו [tav] "Zeichen"
תּוֹרָה [tora] "Thora"
תַּרְגוּם [targum] "(Bibel)Übersetzung"

↓ אַתְלֵט ['atlet] "Athlet"
בַּיִת [bajit] "Haus"
בַּת [bat] "Tochter"
גְּבֶרֶת [gəværæt] "Dame"
הִתּוּל [hitul] "Witz"
חָתוּל [xatul] "Katze"
כְּתָב [kətav] "Schrift"
לְהִתְרָאוֹת [ləhitra'ot] "auf Wiedersehen"

Leseübung:

Anlaut: תֵּל אָבִיב, תַּרְגוּם, תָו, תּוֹרָה
תל אביב, תרגום, תו, תורה

Inlaut: אַתְלֵט, כְּתָב, הִתּוּל, מָתַי, עִתּוֹן, חָתוּל
אתלט, כתב, התול, מתי, עתון, חתול

Auslaut: בַּיִת, הִתּוּל, גְּבֶרֶת, פְּרָת, בַּת, נָצְרַת, לְהִתְרָאוֹת
בית, התול, גברת, פרת, בת, נצרת, להתראות

Die hebräischen Vokal- und Lesezeichen

Ursprünglich war die hebräische Schrift eine reine Konsonantenschrift, d. h. die Vokale wurden überhaupt nicht gekennzeichnet. Seit dem 10. Jh. v. Chr. wurde es möglich, drei Konsonantenbuchstaben auch für lange Vokale einzusetzen (ו für $\bar{o}$, $\bar{u}$, י für $\bar{e}$, $\bar{\imath}$, ה für $\bar{a}$, $\bar{e}$); um 600 v. Chr. kam א für $\bar{o}$ (später $\bar{a}$ und selten $\bar{e}$) hinzu. Man nennt diese Schreibung *lineare Vokalisation,* und die als Vokalträger verwendeten Konsonantenbuchstaben heißen "Lesemütter" (*matres lectionis*). Dieses System war wenig konsequent: Im Prinzip war es jedem Schreiber überlassen, ob er *matres lectionis* verwenden wollte (sogenannte *Plene*-Schreibung) oder nicht (sogenannte Defektivschreibung), die Vokalkennzeichnung war nur recht annähernd und man konnte Vokalzeichen als Konsonantenzeichen mißverstehen. Trotz dieser Schwächen reichte das System aus, solange das Hebräische noch lebendig war. Als es aber nur noch als tote Sprache von Generation zu Generation weitergegeben wurde, mußte die Aussprachetradition genauer festgelegt werden: Seit dem 5. Jh. n. Chr. entstanden (nach syrischem Vorbild) verschiedene Methoden, durch Beigabe von Punkten und Strichen über und unter der Zeile die Vokale genauer anzugeben. Von diesen sogenannten Punktierungen setzte sich das seit dem 8. Jh. n. Chr. in Tiberias entwickelte "tiberische System" durch, dessen Besonderheit darin besteht, von zwei Ausnahmen (Cholem und Schureq, siehe unten) abgesehen nur Punkte und Striche u n t e r den Buchstaben zu kennen; zuerst wird prinzipiell der Konsonant gesprochen, dann der Vokal, der durch die Punktierung angezeigt wird. Mit der Einführung der Punktierung wurde aber die lineare Vokalisation keineswegs aufgegeben: Der Buchstabenbestand der Bibel galt (natürlich einschließlich der *matres lectionis*) als heilig und unabänderlich. Obwohl die Konsonantenbuchstaben mit vokalischem Wert nach Einführung der Punktierung eigentlich keine Funktion mehr hatten, wurden sie beibehalten, und die Punktierung wurde hinzugesetzt: Man spricht dann vom "großen" Chireq, Zere, Segol und Cholem, im Gegensatz zur "kleinen" Variante ohne *mater lectionis*; das Schureq, eigentlich ein Punkt im Waw, wird gesondert geführt.

Wann Vokale lang und wann sie kurz sind, ist in den Einzelheiten kompliziert: Als Faustregel kann man sich merken, daß Qamez, Zere und Cholem normalerweise für Langvokale stehen (bei Zere und Cholem in der Umschrift oft nicht ausgedrückt) und daß die "großen" Varianten ebenfalls lang sind. In der Aussprache der meisten Sprecher in Israel gibt es keine Längenunterschiede mehr: Alle Vokale werden lang und meistens offen ausgesprochen.

Außer in biblischen, poetischen und schulischen Texten verzichtet man in Israel auf die Punktierung; stattdessen ist in weitem Umfang *Plene*-Schreibung üblich, die aber schwer in Regeln zu fassen ist.

פֶּתַח	ֿx	Patach
Israelhebräischer Lautwert: a	*Althebräischer Lautwert:* a	*Althebräische Umschrift:* a

Form des Zeichens: Das Patach (פֶּתַח "Öffnung") ist ein waagerechter Strich unter dem Konsonantenbuchstaben. Ein Patach unter Schluß-ה, Schluß-ח oder Schluß-ע nach Vokal (außer *a*) deutet ein flüchtiges *a* an, das gegen die sonstige Regel v o r dem Schlußkonsonanten zu sprechen ist (*patach furtivum*): רוּחַ {rū^{a}ḥ} / [ruax] "Wind, Geist".

Althebräische Aussprache: Es wurde ein kurzes klares *a* gesprochen.

Schulaussprache: Kurzes *a*.

Israelhebräische Aussprache: a mittlerer Länge.

קָמֵץ	ָx	Qamez
Israelhebräischer Lautwert: a	*Althebräischer Lautwert:* å	*Althebräische Umschrift:* ā

Form des Zeichens: Das Qamez (קָמֵץ "Zusammenpressung") war ursprünglich eine Kombination aus einem unter dem Konsonantenbuchstaben stehenden waagerechten Strich mit einem darunter in der Mitte stehenden Punkt. Heute wird es normalerweise als Kombination aus einem waagerechten Strich und einem davon in der Mitte senkrecht nach unten abgehenden kurzen Strich geschrieben.

Althebräische Aussprache: Es wurde ein verdumpftes *a* (in etwa entsprechend dem Vokal von englisch *wall* oder schwedisch *år*) gesprochen, das prinzipiell lang oder kurz sein konnte; verschiedene sprachgeschichtliche Ausgleichsprozesse führten jedoch dazu, daß dieser Vokal normalerweise lang war und nur in unbetonter und geschlossener (d. h. auf Vokal endender) Silbe kurz sein konnte.

Schulaussprache: Normalerweise wird langes *a* gesprochen; in unbetonter und geschlossener Silbe wird jedoch kurzes *o* gesprochen (sogenanntes Qamez chatuf).

Israelhebräische Aussprache: Normalerweise wird ein *a* mittlerer Länge gesprochen (also kein Unterschied zum Patach); in unbetonter und geschlossener Silbe wird jedoch *o* gesprochen (sogenanntes Qamez chatuf).

Vokalzeichen für æ: Segol

סָגוֹל	ֶx	Segol
Israelhebräischer Lautwert: æ	Althebräischer Lautwert: æ	Althebräische Umschrift: æ

Form des Zeichens: Das Segol (סָגוֹל "Traube") besteht aus drei in der Form eines nach unten gedrehten Dreiecks angeordneten Punkten.

Althebräische Aussprache: Es wurde ein langes oder kurzes offenes *e* (wie in deutsch *Ähre* oder *Hände*) gesprochen.

Schulaussprache: Es wird kurzes offenes *e* gesprochen.

Israelhebräische Aussprache: Es wird ein offenes *e* mittlerer Länge gesprochen.

סָגוֹל גָּדוֹל	ֶיx	Segol magnum
Israelhebräischer Lautwert: æ	Althebräischer Lautwert: ǣ	Althebräische Umschrift: ǣ

צֵירִי	X̣	Zere
Israelhebräischer Lautwert: e / æ	*Althebräischer Lautwert:* e	*Althebräische Umschrift:* e

Form des Zeichens: Das Zere (צֵירִי "breiter Spalt") besteht aus zwei parallelen Punkten unter dem Konsonantenzeichen.

Althebräische Aussprache: Es wurde ein langes oder (in seltenen Fällen) kurzes geschlossenes e (wie in deutsch *Beet* oder *Report*) gesprochen.

Schulaussprache: Langes geschlossenes *e*.

Israelhebräische Aussprache: Die meisten Sprecher machen keinen Unterschied zu Segol, d. h. sie verwenden ein offenes *e* mittlerer Länge; die Aussprache als geschlossenes *e* mittlerer Länge ist seltener.

צֵירִי גָּדוֹל	X̣ י	Zere magnum
Israelhebräischer Lautwert: e	*Althebräischer Lautwert:* ē	*Althebräische Umschrift:* ē

חִירֶק	×ִ	Chireq
Israelhebräischer Lautwert: i	Althebräischer Lautwert: i	Althebräische Umschrift: i

Form des Zeichens: Das Chireq (חִירֶק "Schlitz") ist ein Punkt in der Mitte unter dem Konsonantenbuchstaben.

Althebräische Aussprache: Es wurde ein langes oder kurzes *i* gesprochen.

Schulaussprache: Kurzes *i*.

Israelhebräische Aussprache: i mittlerer Länge.

חִירֶק גָּדוֹל	×ִי	Chireq magnum
Israelhebräischer Lautwert: i	Althebräischer Lautwert: ī	Althebräische Umschrift: ī

Vokalzeichen für *o*: Cholem

חֹלֶם	x	Cholem
Israelhebräischer Lautwert: o	*Althebräischer Lautwert:* o	*Althebräische Umschrift:* o

Form des Zeichens: Das Cholem (חֹלֶם "Fülle") ist ein Punkt über der linken Ecke des Konsonantenbuchstabens.

Althebräische Aussprache: Es wurde ein langes, in wenigen Fällen auch kurzes *o* gesprochen, das offen oder geschlossen sein konnte.

Schulaussprache: Langes geschlossenes *o*.

Israelhebräische Aussprache: Offenes *o* mittlerer Länge.

חֹלֶם גָּדוֹל	וֹ	Cholem magnum
Israelhebräischer Lautwert: o	*Althebräischer Lautwert:* ō	*Althebräische Umschrift:* ō

קִבּוּץ	◌ֻ	Qibbuz
Israelhebräischer Lautwert: u	*Althebräischer Lautwert:* u	*Althebräische Umschrift:* u

Form des Zeichens: Das Qibbuz (קִבּוּץ "Zusammenziehung") besteht aus drei Punkten unter dem Konsonantenzeichen, die in einer schrägen Reihe von links oben nach rechts unten angeordnet sind.

Althebräische Aussprache: Es wurde ein kurzes *u* gesprochen.

Schulaussprache: Kurzes *u*.

Israelhebräische Aussprache: u mittlerer Länge.

שׁוּרֶק	וּ	S c h u r e q
Israelhebräischer Lautwert: u	*Althebräischer Lautwert:* ū	*Althebräische Umschrift:* ū

Form des Zeichens: Das Schureq (שׁוּרֶק "Pfeifen") ist ein Waw mit einem Punkt links auf halber Höhe unterhalb des Ausstriches.

Althebräische Aussprache: Es wurde ein langes *u* gesprochen.

Schulaussprache: Langes *u*.

Israelhebräische Aussprache: u mittlerer Länge.

שְׁוָא	ְ	S c h w a
Israelhebräischer Lautwert: ə	*Althebräischer Lautwert:* ə	*Althebräische Umschrift:* ə

Form des Zeichens: Das Schwa (שְׁוָא gehört zu שָׁוְא "nichts") besteht aus zwei senkrecht untereinanderstehenden Punkten unter dem Konsonantenzeichen. Die Bezeichnung Schwa hat sich eingebürgert, obwohl die richtige Aussprache des Buchstabennamens [ʃəva] ist.

Althebräische Aussprache: Unter einem silbenschließenden Konsonanten im Wortinnern (mit anderen Worten: unter einem Konsonanten, dem in demselben Wort ein weiterer Konsonant folgt) diente das Schwa nur als Silbenschlußzeichen und vertrat keinen Laut (*Schwa quiescens,* hebräisch שְׁוָא נָח [ʃəva nax] "ruhendes Schwa"): מִשְׁפָּחָה {miʃpāḥā} "Familie", חֶבְרוֹן {hæḇrōn} "Hebron". Dieses *Schwa quiescens* steht auch am Wortende, wenn ךSchlußkonsonant ist (z. B. מֶלֶךְ {mælæḵ} "König"), außerdem in den ganz wenigen Fällen, in denen zwei Konsonanten am Wortende aufeinander folgen (קֹשְׁטְ [qoʃṭ] "Wahrheit").
In allen anderen Fällen (also am Wort- und Silbenanfang) bezeichnete das Schwa einen dem deutschen *e* in *laufen* entsprechenden Murmelvokal; man spricht dann vom *Schwa mobile* (hebräisch שְׁוָא נָד [ʃəva nax] "bewegliches Schwa").
Vor oder nach Kehllauten (א und ה) und Rachenlauten (ח und ע) klang der Murmellaut etwas anders als sonst, nämlich wie ein flüchtig gesprochenes *a, æ* oder *o*. In der Schrift wird das durch die Kombination von Schwa mit Patach, Segol oder Qames ausgedrückt (Umschrift: hochgestellter kleiner Buchstabe): אֲרִי {ᵃri} "Löwe", אֱלִישֶׁבַע {ᵅlīšæḇaʻ} "Elisabeth", חֳלִי {ʰolī} "Krankheit". Die Fachausdrücke für diese Zeichen sind Ḥatef-Pataḥ, Ḥatef-Segol und Ḥatef-Qames. In einigen seltenen Fällen stehen sie auch unter anderen Konsonanten als א, ה, ח oder ע statt eines Schwa mobile.

Schulaussprache: Wie im Althebräischen.

Israelhebräische Aussprache: Wie im Althebräischen: Ḥatef-Pataḥ, Ḥatef-Segol und Ḥatef-Qames werden allerdings meist wie die entsprechenden Vollvokale gesprochen.

Weitere Lesezeichen dienen neben den Zeichen für Vokale als zusätzliche Hilfen beim korrekten Lesen:

Dagesch. Zur genaueren Festlegung der Aussprache der Konsonanten dient der Punkt im Buchstaben, Dagesch (דָּגֵשׁ) genannt.
Bei den Buchstaben ב, ג, ד, כ, פ, ת (Merkwort: bəgadkəfat) hat der Punkt, in diesem Falle als Dagesch lene oder Dagesch Qal (דָּגֵשׁ קַל) bezeichnet, die Funktion, anzuzeigen, daß der Konsonant als Verschlußlaut und nicht als Reibelaut auszusprechen ist (siehe oben, Buchstabe 2, 3, 4, 11, 17, 22).
Einen anderen Zweck hat das sogenannte Dagesch forte oder Dagesch chasaq (דָּגֵשׁ חָזָק). Es zeigt die Verdoppelung (oder vielmehr, phonetisch genauer ausgedrückt, die Längung) des Konsonanten an, wodurch zugleich die vorangehende Silbe geschlossen wird. Im Israel-Hebräischen hat das keinerlei Auswirkungen auf die Aussprache.

Mappiq. Ein Punkt im Schluß-ה heißt Mappiq (מַפִּיק); dadurch wird angedeutet, daß das ה nicht Vokalträger für den vorangehenden Vokal ist, sondern für einen auszusprechenden Hauchlaut steht (siehe Buchstabe 5).

Raphe. Dieses Zeichen wird heute im Hebräischen nicht mehr verwendet, es kommt aber in älteren Drucken sowie im Jiddischen und Judenspanischen vor. Die Raphe, ein Strich über dem Buchstaben, erfüllt genau die entgegengesetzte Funktion des Dagesch lene und des Mappiq: Über den *bəgadkəfat*-Buchstaben ב, ג, ד, כ, פ, ת deutet die Raphe die Aussprache als Reibelaut, nicht als Verschlußlaut, an, über ה dient die Raphe dazu, anzuzeigen, daß der Buchstabe nur Vokalträger (*mater lectionis*) ist und keinen eigenen Lautwert hat.

Maqqeph. Ein waagerechter, auf der Höhe der oberen Begrenzung des Buchstabenquadrates stehender Strich zwischen zwei Wörtern zeigt an, daß diese zu einer einzigen Tongruppe zusammengeschlossen werden, wobei das zweite Wort den Hauptton trägt. In seiner Funktion entspricht dem Maqqeph (מַקֵּף) in etwa unser Bindestrich.

Akzente. Im Bibeltext ist jedem selbständigen Wort ein Akzent beigefügt; diese kleinen Zeichen, die teils über den Buchstaben, teils neben den Vokalpunktierungen stehen, können drei Funktionen erfüllen, nämlich die Tonstelle angeben (Akzente im eigentlichen Sinne), Hinweise auf die Melodie geben (Musiknoten) oder die Satzgliederung verdeutlichen (Interpunktionszeichen). Es gibt ein Prosasystem und ein poetisches System, das in den Psalmen, den Proverbien und im Buche Hiob angewendet wird. Da in nichtbiblischen Texten keine Akzente geschrieben werden, wird hier auf eine nähere Behandlung der komplizierten, jeweils mehr als zwanzig Möglichkeiten umfassenden Systeme verzichtet.

Textkritische Zeichen. Abgesehen von Lesezeichen im engeren Sinne enthält der Bibeltext auch Zeichen, die die Gestaltung des Textes betreffen. Einige Lesungen machen keinen Sinn, aber der Buchstabenbestand wurde als zu heilig erachtet, um dort Veränderungen vornehmen zu können; die Masoreten, also die jüdischen Überlieferungsfachleute, haben daher ihre Korrekturvorschläge an den Rand geschrieben, wobei dort nur die Konsonanten, im Text jedoch die dazu gehörigen Vokalisierungszeichen stehen; über dem zu verbessernden Wort steht ein kleiner Kreis, der *circellus masoreticus,* der auf die Randkorrektur verweist. Der überlieferte Text heißt כְּתִיב {kətīḇ} "das Geschriebene", was man wirklich lesen soll, wird קְרֵא {qərē} genannt; man spricht kurz von kətīḇ-qərē.

Auf weitere Zeichen, die die Textgestaltung der Bibel betreffen, kann hier nicht eingegangen werden, weil es sich ja eigentlich nicht um Fragen der hebräischen Schrift handelt. Jede ernsthafte Beschäftigung mit dem hebräischen Bibeltext setzt aber natürlich die Kenntnis der Grundzüge der Überlieferungsgestaltung durch die Masoreten voraus. Man findet die wichtigsten Angaben in jeder Grammatik des Bibelhebräischen.

Litterae dilatabiles. Traditionellerweise gab es keine Worttrennung. Damit trotzdem am (linken) Zeilenende ein gleichmäßiger Rand zustandekommen konnte, war es in Handschriften und Drucken bis zum 19. Jh. möglich, bestimmte Buchstaben mitten in der Zeile und vor allem am Zeilenende in die Breite zu dehnen. Diese "dehnbaren Buchstaben" (*litterae dilatabiles*) waren ם, ת, ל, ה, א (Merkwort: אֲהַלְתֶּם {'ᵃhaltæm}). Moderne Drucktechniken haben die *litterae dilatabiles* zur Erzielung des Randausgleiches weitgehend überflüssig gemacht; sie werden heute kaum noch verwendet.

Weiterführende Literatur

Weiterführende Literatur

Im Folgenden sollen nur einige wichtige Werke aufgeführt werden, die eine weitere Beschäftigung mit der hebräischenSchrift und Sprache ermöglichen; es sind nur Arbeiten auf Deutsch oder Englisch genannt. Die Reihenfolge der Abhandlungen spiegelt den steigenden Schwierigkeitsgrad wider.

1. Hebräische Schrift

"Alphabet, Hebrew", *Encyclopaedia Judaica* 2, Jerusalem 1972, 674-749.

Hans Jensen, *Die Schrift in Vergangenheit und Gegenwart*, Berlin (Deutscher Verlag der Wissenschaften) ³1969 (Nachdruck 1984), 244-342.

Solomon A, Birnbaum, *The Hebrew Scripts*, Leiden (Brill) 1971.

2. Hebräische Sprache
a) Bibelhebräisch

Rüdiger Bartelmus, *Einführung in das biblische Hebräisch*, Zürich (Theologischer Verlag) 1994.

Thomas O. Lambdin, *Lehrbuch Bibel-Hebräisch*, Gießen / Basel (Brunnen-Verlag) 1990.

Wilhelm Hollenberg / Karl Budde, *Hebräisches Schulbuch*, herausgegeben von W. Baumgartner, Basel / Stuttgart (Helbing & Lichtenhahn) ²⁶1971 (¹1859). Neubearbeitung: Ernst Jenni, *Lehrbuch der hebräischen Sprache des Alten Testaments,* Frankfurt (Helbing & Lichtenhahn) ²1981.

Jutta Körner, *Hebräische Studiengrammatik*, Leipzig (Langenscheidt – Enzyklopädie) ⁵1996 (¹1983).

Wilhelm Gesenius / Emil Kautzsch / Gotthelf Begrsträßer, *Hebräische Grammatik,* Darmstadt (Wissenschaftliche Buchgesellschaft) 1985 (Nachdruck von: W. Gesenius / E. Kautzsch, *Hebräische Grammatik,* Leipzig ²⁸1909; G. Bergsträsser, *Hebräische Grammatik* I, Leipzig 1918; II, Leipzig 1929).

Rudolf Meyer, *Hebräische Grammatik,* Berlin / New York (W. de Gruyter) 1992.

Wörterbücher: Wilhelm Gesenius, *Hebräisches und aramäisches Handwörterbuch*, Berlin / Göttingen / Heidelberg (Springer) ¹⁷1962 (¹1835). Neubearbeitung (= 18. Aufl.): Band 1 (א-ג), 1987; Band 2 (ד-י), 1995; Band 3 (כ-מ), 2005).

Ludwig Köhler / Walter Baumgartner, *Hebräisches und aramäisches Lexikon zum Alten Testament* I-IV, Leiden (Brill) ³1967 / 1974 / 1983 / 1990.

David J. A. Clines, *The Dictionary od Classical Hebrew,* Sheffield (Academic Press), Band 1 (א), 1993; Band 2 (ב-ו), 1995; Band 3 (ז-ט), 1996; Band 4 (י-ל), 1998; Band 5 (מ-נ), 2001.

b) Israelhebräisch

Shulamit Zemach-Tendler, *Lehrbuch der neuhebräischen Sprache*, Hamburg (Buske) 1999.
Heinrich Simon, *Lehrbuch der modernen hebräischen Sprache*, Leipzig (Langenscheidt – Enzyklopädie) ^{11}1994 (^{1}1970).
Aharon Rosen, *Tausend Worte Hebräisch*, Jerusalem (Achiasaf) 1988.
Wörterbuch: Jaacov Lavy, *Langenscheidts Handwörterbuch Hebräisch-Deutsch*, Berlin / München / Wien / Zürich.

c) Sprachgeschichte

Chaim Rabin, *Die Entwicklung der hebräischen Sprache*, Wiesbaden (Reichert) 1988.
Eduard Yechezkel Kutscher, *A History of the Hebrew Language*, Jerusalem (Hebrew University) / Leiden (Brill) 1982.
Angel Sáenz-Badillos, *A History of the Hebrew Language*, Cambridge (University Press) 1997.
Johannes Kramer, "Antike Sprachform und moderne Normsprache III: Die Wiedergeburt des Hebräischen", *Balkan-Archiv* 12, 1987, 209-268.

3. Jiddisch

Marion Aptroot / Holger Nath, *Einführung in die jiddische Sprache und Kultur*, Hamburg (Buske) 2002.
William B. Lockwood, *Lehrbuch der modernen jiddischen Sprache*, Hamburg (Buske) 1995.
Salomo A. Birnbaum, *Grammatik der jiddischen Sprache*, Hamburg (Buske) ^{5}1988 (^{1}1918).
David Katz, *Grammar of the Yiddish Language*, London (Duckwort) 1987.
Wörterbücher: Siegmund A. Wolf, *Jiddisches Wörterbuch*, Hamburg (Buske) ^{2}1993.
Salomo A. Birnbaum, *Das hebräische und aramäische Element in der jiddischen Sprache*, Hamburg (Buske) ^{2}1986 (^{1}1922).
Ronald Lötzsch, *Jiddisches Wörterbuch*, Mannheim (BI) ^{2}1992 (^{1}1990).

4. Judenspanisch

Armin Hetzer, *Sephardisch (Judeo-español, Djudezmo). Einführung in die Umgangssprache der südosteuropäischen Juden*, Wiesbaden (Harrassowitz) 2001.
Sabine Kowallik / Johannes Kramer, *Romanojudaica*, Gerbrunn (Wissenschaftlicher Verlag A. Lehmann) 1993.
Judenspanisch I-VIII (Reihe: *Neue Romania*, Hefte 12; 19; 21; 22; 24; 26; 28; 31), Berlin (Freie Universität) 1991-2004.
Wörterbuch: Elli Kohen / Dahlia Gordon-Kohen, *Ladino-English / English-Ladino Concise Encyclopedic Dictionary*, New York (Hippocrene) 2000.

Schriftbeispiele aus dem Alltag

Schriftbeispiele aus dem Alltag · Straßen- und Ortsschilder

Schriftbeispiele aus dem Alltag · Straßen- und Ortsschilder

Schriftbeispiele aus dem Alltag · Straßen- und Ortsschilder 67

Fremde Schriften

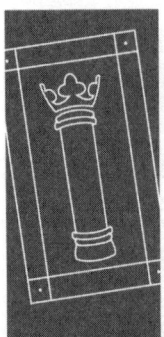

Einführung in die arabisch-persische Schrift
Von Mohammad-Reza Majidi.
2., durchges. und erw. Auflage
1996. XVI, 130 S. und 1 Falttafel.
3-87548-125-9. Kart.

Einführung in die armenische Schrift
Von M. Eggenstein-Harutunian.
2000. 104 S. mit zahlr. Abb.
3-87548-175-5. Kart.

Einführung in die chinesische Schrift- und Zeichenkunde
Von Wolfgang G. A. Schmidt.
2., überarb. und erw. Auflage 1996.
XX, 148 S. und 1 Falttafel.
3-87548-108-9. Kart.

Einführung in die griechische Schrift
Von Uwe Petersen. 2., durchges.
und verb. Auflage 2003. 127 S.
3-87548-338-3. Kart.

Einführung in die hebräische Schrift
Von Johannes Kramer und Sabine Kowallik. 2. verb. Auflage 2006.
XVI, 68 S. mit zahlr. Abb. und
1 Falttafel. 3-87548-416-9. Kart.

Einführung in die Hieroglyphenschrift
Von Hartwig Altenmüller.
2005. VIII, 182 S. mit zahlr. Abb.
3-87548-373-1. Kart.

Einf. in die indischen Schriften Teil 1: Devanagari
Von Elvira Friedrich. 1999.
X, 101 Seiten und 1 Falttafel.
3-87548-176-3. Kart.

**Teil 2:
Gujarati, Gurmukhi, Bengali, Oria**
Von Elvira Friedrich. 2002.
XII, 208 S. und 4 Falttafeln.
3-87548-219-0. Kart.

Einführung in die Schrift und Aussprache des Japanischen
mit Übungen und Lösungen.
Von Berthold Schmidt. Unter Mitarbeit von Sven Günzel.
1995. 167 S. mit 1 Falttafel.
3-87548-062-7. Kart.

Laut- und Schriftsystem des Neupersischen
Von Mohammad-Reza Majidi.
2000. XVI, 233 S.
3-87548-206-9. Kart.

Einf. in die thailändische Schrift
Von Gero Fischer. 3., vollständig neu bearb. Auflage 1993. 80 S.
3-87548-054-6. Kart.

Einführung in die tibetische Schrift
Von Wolfgang-E. Scharlipp und Dieter Back. 2., durchgesehene Auflage 1996. 93 S. und 1 Falttafel.
3-87548-114-3. Kart.

Helmut Buske Verlag · Richardstrasse 47 · D-22081 Hamburg · www.buske.de

Der aktuelle Katalog **Fremde Sprachen / Sprachwissenschaft** verzeichnet Lehr- und Nachschlagewerke zu mehr als fünfzig fremden Sprachen sowie Studienbücher zur Ägyptologie, Allgemeinen Sprachwissenschaft, Ethnologie, Finno-Ugristik, Germanistik, Indologie, Kaukasiologie, Klassischen Philologie, Linguistik, Phonetik, Romanistik, Slavistik und zur Skandinavistik.

Laufende Nummer	Buchstaben-name	Buchstabe (Druckform)	Buchstabe (Schreibform)	Geltung als Zahl	Umschrift (bibelhebr.)	Lautwert (israelhebr.)
1	Aleph	א	*k*	1	ʼ	ʔ
2	Beth	ב	*ב*	2	ב=b̲ ב=b	ב=v ב=b
3	Gimmel	ג	*d*	3	ג=ḡ ג=g	g
4	Daleth	ד	*ʔ*	4	ד=d̲ ד=d	d
5	He	ה	*ʔ*	5	h	h
6	Waw	ו	*l*	6	w	v
					וֹ=ō וּ=ū	וֹ=o וּ=u
7	Sajin	ז	*ʒ*	7	z	z
8	Cheth	ח	*n*	8	ḥ	x
9	Teth	ט	*O*	9	ṭ	t
10	Jud	י	*ʼ*	10	j	j
11	Kaph	כ (ך-)	*ɔ ʔ*	20	כ=k̲ כ=k	כ=x כ=k
12	Lamed	ל	*d*	30	l	l
13	Mem	מ (ם-)	*N ס*	40	m	m
14	Nun	נ (ן-)	*J/*	50	n	n
15	Samech	ס	*o*	60	s	s
16	Ajin	ע	*ɤ*	70	ʻ	ʕ
17	Pe	פ (ף-)	*ɔʃ*	80	פ=p̄ פ=p	פ=f פ=p
18	Zade	צ (ץ-)	*3ʃ*	90	ṣ	ts
19	Quph	ק	*ʔ*	100	q	k
20	Resch	ר	*ʔ*	200	r	r
21	Schin	ש	*e*	300	שׂ=ś שׁ=š	שׂ=s שׁ=ʃ
22	Taw	ת	*ת*	400	ת=t̲ ת=t	t

Das hebräische Alphabet in der Übersicht